Problématique foncière et trajectoires de développement en Afrique subsaharienne

L'exemple du Cameroun

Collection « Études africaines »

dirigée par Denis Pryen et son équipe

Forte de plus de mille titres publiés à ce jour, la collection « Études africaines » fait peau neuve. Elle présentera toujours les essais généraux qui ont fait son succès, mais se déclinera désormais également par séries thématiques : droit, économie, politique, sociologie, etc.

Dernières parutions

Brice POREAU, *Rwanda : une ère nouvelle. Comprendre le travail de reconnaissance (nouvelle édition)*, 2020.
Holy HOLENU MANGENDA, *Kinshasa. Urbanisation et enjeux écologiques durables*, 2020.
Jean-Claude ELOUNDOU, *Afrique : ton développement en question*, 2020.
Boureïma Nikiema OUÉDRAOGO, *Sociologie des violences contre l'État au Burkina Faso. Question nationale et identités*, 2020.
Jean-Fernand BÉDIA, *Lumières postcoloniales, Pour un nouvel esprit critique littéraire en Afrique francophone*, 2020
Simon NGONO (dir.), *La communication de l'État en Afrique. Discours, ressorts et positionnements*, 2020.
Martin Fortuné MUKENDJI MBANDAKULU, *L'éthique de l'enseignant. Le contexte de la République démocratique du Congo,* 2020.
Jean-Célestin EDJANGUÉ, *Urgence climatique et développement en Afrique. Les médias en première ligne*, 2020.
Jean-Célestin EDJANGUÉ, *Jeunes d'Afrique, jeunes du monde. Les combats de tous les espoirs*, 2020.
Cyrille MBIAGA, *Diaspora et système diasporique. Moteur de développement du Cameroun*, 2019.
Nakpane LABANTE, *La Compagnie togolaise des mines du Bénin (CTMB) et l'exploitation des phosphates du Togo (1954-1974)*, 2019.
Pierre MOUKOKO MBONJO, *Le Ghana : La marche vers la démocratie*, 2019.

Joseph-Éric NNOMENKO'O

Problématique foncière et trajectoires de développement en Afrique subsaharienne

L'exemple du Cameroun

L'Harmattan

5-7, rue de l'Ecole-Polytechnique, 75005 Paris

www.editions-harmattan.fr

ISBN : 978-2-343-19738-8
EAN : 9782343197388

Depuis le Sommet mondial pour le développement social de Copenhague de 1995, qui consolida les principes du développement durable adoptés au Sommet de la Terre de Rio de Janeiro de 1992, et plus tard l'adoption des Objectifs du millénaire pour le développement en 2000, puis tout récemment celle des Objectifs du développement durable en 2015, la problématique d'un développement économique et social inclusif s'affirme comme un défi politique de premier plan. À ce sujet, l'idée que l'inclusion sociale constitue un facteur significatif intervenant dans le développement qualitatif des sociétés obtient une adhésion quasi unanime. Face à la montée rampante des déséquilibres mondiaux actuels, marquée par l'approfondissement des inégalités et de la pauvreté, la nécessité d'une croissance inclusive constitue, à juste titre, un impératif stratégique et politique urgent. Or, à bien observer, la réalisation d'une société juste et inclusive, par la mise en œuvre de politiques et stratégies visant à éliminer la pauvreté, à réduire les inégalités et à combattre l'exclusion sociale, et au sein de laquelle tous les individus y joueraient un rôle actif en même temps qu'ils bénéficieraient des droits et privilèges équivalents, reste plus que jamais une noble et lointaine entreprise.

(Chalrmers LaRose, 2016)

Remerciements

Cet ouvrage qui est le résultat d'un solide effort de réflexion n'aurait pu être mené à bien sans l'aide précieuse de personnes qui ont influencé sa réalisation à travers leurs conseils, critiques, suggestions et encouragements. Certaines ayant requis l'anonymat, nous voudrions témoigner notre déférente et sincère gratitude à celles qui nous ont donné leur accord. Il s'agit notamment de : Éliane Chantal YETNA, Benjamine MEBEH MBO, Agnès Brenda FOURNIER, Samuel MOMNOUGUI MBARGA, Odile MEBEH épouse SOENEN, Marc SOENEN, Rosette EVEZO'O NKO, Pierrette MOKOKO et Élisabeth NGO ESSOMBA.

Introduction générale

Depuis la fin des années 2000, la question de l'émergence occupe une place centrale dans la politique de développement de la majorité des États d'Afrique subsaharienne. Plusieurs pays du continent, au rang desquels, le Cameroun, ont ainsi lancé leur plan pour l'émergence avec des horizons plus ou moins lointains. À titre illustratif, la Côte d'Ivoire s'est fixée d'atteindre le niveau de l'émergence en 2020, le Togo et le Tchad parlent de 2030... Le Sénégal a retenu 2035.

S'agissant spécifiquement du Cameroun qui constitue le principal cadre territorial de ce travail, comme ses congénères évoqués en amont, le pays s'est doté d'une vision prospective du développement qui retient comme objectif global de devenir un pays émergent à l'horizon 2035.

Cet objectif global intègre un ensemble d'objectifs intermédiaires : la réduction de la pauvreté, l'atteinte du stade de pays à revenus intermédiaires, l'atteinte du stade de nouveau pays industrialisé, la consolidation du processus démocratique et de l'unité nationale dans le respect de la diversité qui caractérise le pays (Cameroun Vision 2035).

Pour parvenir aux résultats escomptés un ensemble de stratégies globales d'opérationnalisation de la vision a été envisagé : maintenir la croissance à un rythme élevé, réaliser les Objectifs du Millénaire pour le Développement (OMD) et mobiliser largement la collectivité nationale dans la lutte contre les effets des changements climatiques, atteindre le stade de pays émergent, ouvert sur le monde en s'appuyant sur une structure de production et d'exportation à dominance industrielle, jeter les bases d'une croissance forte grâce à d'importants investissements dans les infrastructures et à la modernisation rapide de l'appareil de production, en accompagnant cet effort d'une amélioration significative du climat des affaires et de la gouvernance ainsi que d'une volonté affirmée de donner à cette croissance un contenu riche en emplois (Ibid).

Dans le secteur de l'économie, la vision entend réaliser des taux de croissance à deux chiffres. D'après les décideurs publics camerounais la réalisation de la vision exige de fortes performances économiques avec des taux de croissance pouvant aller bien au-delà des 7 % requis pour la réduction de la pauvreté de moitié en conformité avec les OMD. Le taux de croissance de fin de période (2035) est projeté aux alentours de 9 %. Dans le domaine de l'éducation et de la formation, le gouvernement camerounais entend renforcer l'éducation et la formation des ressources humaines dans le domaine de la santé, des sciences et des techniques notamment. Il s'agira, selon les autorités gouvernementales camerounaises, dans le secteur de la santé, de passer de 7 médecins pour 100 000 habitants à 70 médecins pour 100 000 habitants. Des progrès semblables sont également envisagés dans la formation des enseignants dans tous les cycles et dans la formation des ingénieurs (TIC, Génie Civil, pétrochimie, mines, génie des procédés, agronomes, industries animales…) (Cameroun Vision 2035).

En ce qui concerne les industries et services, en partant du constat qu'au Cameroun, l'industrie se limite à quelques activités : transformation des produits primaires, opérations de finissage, petite transformation, etc., la Vision entend relever le défi : atteinte des performances améliorées basées sur une plus grande maîtrise des pratiques technologiques, mise sur pied des activités diversifiées formant désormais un intense réseau d'échanges intérieurs, songer à une grande compétitivité liée à une intensité différenciée des secteurs en fonction de la compétitivité comparative vis-à-vis de l'extérieur.

Dans le domaine des services, la vision ambitionne de porter une attention particulière sur la promotion du tourisme. Il s'agira de mettre en valeur le grand potentiel touristique du Cameroun et de faire du pays une vraie destination touristique pour accroître la contribution de l'industrie touristique dans l'économie nationale.

L'accent est principalement porté d'une part sur la mise en place d'un cadre institutionnel et réglementaire propice à la promotion du tourisme camerounais et d'autre part à l'amélioration de la qualité de l'offre touristique. Celle-ci se fait à travers : une meilleure connaissance des zones d'intérêt touristique, la valorisation des sites et zones d'intérêt touristique, l'aménagement des sites touristiques et la promotion de la destination Cameroun. (Cameroun Vision 2035).

S'agissant des infrastructures et singulièrement des grands projets structurants dont la réalisation sur le foncier rural polarise l'analyse contenue dans cet ouvrage à cause des expropriations des communautés riveraines qui y prévalent parfois sans véritables alternatives, c'est le lieu de préciser que le parc infrastructurel du Cameroun connaît une situation très déficitaire, conséquence de la crise économique du milieu des années 80 qui a stoppé le développement des infrastructures entamé depuis les indépendances, en même temps qu'elle a annihilé les efforts de maintenance (DSCE).

Pour remédier à cette situation l'État camerounais a entrepris des réformes importantes, convaincu du rôle moteur des infrastructures dans la facilitation des échanges et de la promotion d'une croissance forte et durable par la compétitivité que leur bonne qualité peut générer. C'est ce qui justifie la construction ces dernières années de plusieurs projets à l'instar du barrage hydroélectrique de Lom-Pangar, l'autoroute Yaoundé-Douala, etc.

Toutefois, même si tous ces projets visant à faire du Cameroun un pays émergent à l'horizon 2035 sont à saluer et à encourager, il n'en demeure pas moins que leur matérialisation sur le terrain pose un véritable problème de méthode. D'où le choix stratégique d'interroger, à l'aune de la gouvernance foncière, les trajectoires et logiques de développement des décideurs publics camerounais.

La décision de questionner ces trajectoires et logiques de développement est consécutive au fait que la quasi-totalité des infrastructures réalisées dans le cadre de la vision 2035, le sont et à dessein, sur des terres coutumières rarement vierges d'activités humaines.

Cette situation induit des dépossessions forcées, arbitraires et parfois sans la moindre indemnisation et/ou compensation des victimes d'éviction. Et, lorsque l'État décide de procéder à des indemnisations, celles-ci sont très souvent dérisoires et en contradiction avec les mises en valeur effectuées par les propriétaires coutumiers.

L'État camerounais agit généralement de la sorte pour deux raisons : (i) parce que le droit camerounais ne reconnaît pas la propriété foncière coutumière comme équivalente aux droits réels de propriété immobilière, avec les obligations légales que cela comporterait, comme, par exemple, celle de verser aux propriétaires coutumiers la valeur marchande des terres que le gouvernement s'approprie ; (ii) au sens du droit camerounais moderne, les personnes vivant en zones rurales sont des occupants et des utilisateurs tolérés.

Afin d'intégrer et de rationaliser les appropriations effectuées par l'État, la loi foncière camerounaise a conservé les instruments classiques de l'expropriation, tels qu'appliqués à l'époque coloniale. Ainsi seules les tenures enregistrées sont considérées comme des propriétés[1]. Partant

---

[1] *Malgré l'intention revendiquée et le devoir de l'État de veiller à un enregistrement complet de la propriété foncière, dans la pratique, la procédure n'est à la portée que des élites car elle est contrôlée au niveau*

de cette logique les terres non enregistrées sont dépourvues de propriétaire et selon le type de terrain concerné, elles tombent sous la tutelle ou la propriété de l'État (Alden Wily, 2011).

La situation sus décrite n'est pas exclusive au Cameroun. C'est la même précarité que connaissent les communautés rurales dans la plupart des pays d'Afrique subsaharienne et même au-delà. En effet, dans de nombreuses régions du monde, il n'y a pas de sécurité de la tenure foncière. Les dépossessions y sont très répandues (White et al., 2012 ; Li, 2010).

Le Haut-Commissariat aux droits de l'homme fait savoir à ce propos, que « chaque année, 15 millions de personnes seraient contraintes de quitter leur habitation et leurs terres en raison de l'implantation de grands projets de développement ou d'activités commerciales » (Monsalve Suárez, 2015).

C'est fort de ce constat que les Objectifs du développement durable (ODD) (ONU, 2015) suggèrent d'assurer « l'égalité d'accès aux terres » pour tous (hommes, femmes, pauvres, personnes vulnérables…). Manifestant la volonté de garantir l'accès à la terre à tous, plusieurs pays ont adopté des Directives volontaires pour une gouvernance responsable des régimes fonciers fondées sur les droits humains.

Émargeant dans cette perspective, en septembre 2018, le Conseil des droits de l'homme a adopté une résolution en faveur du Projet de déclaration des Nations unies sur les droits des paysans et autres personnes travaillant dans les zones rurales. Dans son article 17, la déclaration stipule que :

> « Les États prendront des mesures appropriées pour veiller à la reconnaissance juridique des droits fonciers, y compris les droits fonciers coutumiers

---

centrale, exige un grand nombre de formalités, est coûteuse, longue et requiert un niveau d'alphabétisation et une émancipation institutionnelle qui font défaut à la plupart des communautés villageoises.

actuellement dépourvus de protection légale [...]. Les États protégeront les formes d'occupation légitimes et veilleront à ce que les paysans et les autres personnes travaillant dans les zones rurales ne fassent pas l'objet d'expulsions arbitraires ou illégales et à ce que leurs droits ne soient pas éteints ni bafoués de quelque autre manière. » (Roudart et Guenanrd, 2019).

Clarifications conceptuelles : l'émergence

D'après Mamoudou Gazibo et Olivier Mbabia coordonnateurs de l'Observatoire pour l'émergence en Afrique (OBEMA), il n'existe pas de conceptualisation claire et adaptée à l'Afrique de la notion d'émergence nonobstant l'agitation constatée sur le continent concernant cette question. La frénésie observée sur le continent concernant l'émergence reste, selon les deux chercheurs, sous-tendue par l'idée de bonds économiques (Agence Ecofin, 2018).

De l'avis de Gazibo et Mbabia, les tentatives de définition de l'émergence dépendent d'approches différentes sur le sujet. Celles-ci, poursuivent les auteurs, tiennent principalement, d'une part, des considérations de l'émergence du point de vue de la finance internationale, d'où l'expression « marché émergent ». D'autre part, ils relèvent des considérations visant à appréhender l'impact du phénomène de l'émergence sur la recomposition des équilibres géoéconomiques et géopolitiques internationaux. Ceci, dans la mesure où les pays émergents (en parlant des BRICS) s'affirment sur la scène internationale aux dépens des puissances issues des vagues de développement antérieures (Agence Ecofin, 2018)

L'« index de l'émergence en Afrique 2017 » tente à cet effet de corriger ces manques en adoptant une approche fondée sur les facteurs aussi bien universels en matière de développement, que spécifiques à la réalité africaine

d'aujourd'hui. À cet effet, l'index propose de définir l'émergence comme « un processus de transformation économique soutenue qui se traduit par des performances aux plans social et humain et qui prend place dans un contexte politique et institutionnel stable susceptible d'en assurer la soutenabilité » (Ibid).

Compte tenu de l'évocation qui précède, ce travail traitera tour à tour de la structuration du régime foncier comme code juridico politique et code juridico commercial au Cameroun (Première partie). Il se focalisera ensuite sur les cadres juridico-stratégiques et politico-stratégiques des dépossessions foncières pour cause d'utilité publique en zones rurales au Cameroun (Deuxième partie).

PREMIÈRE PARTIE

LA STRUCTURATION DU RÉGIME FONCIER COMME CODE JURIDICO-POLITIQUE ET CODE JURIDICO-COMMERCIAL AU CAMEROUN

Le régime foncier est l'élément essentiel de l'organisation domaniale, cadastrale et foncière. Il est le rapport défini par la loi ou la coutume relativement aux terres. C'est un ensemble de règles élaborées par une société pour régir le comportement de ses membres sur l'utilisation de la ressource terre, c'est-à-dire la répartition des droits de propriété, les modalités d'attribution des droits d'utilisation, de contrôle et de transfert des terres ainsi que des responsabilités et limitations correspondantes.

Le régime foncier est l'élément important des structures sociales, politiques et économiques. Il est multidimensionnel puisqu'il fait entrer en jeu des facteurs sociaux, techniques, économiques, institutionnels, juridiques et politiques. Les rapports régis par le régime foncier sont parfois clairement définis, et leur respect peut être assuré par un tribunal officiel ou les structures coutumières d'une société, mais il arrive aussi qu'il soit relativement mal définis et entachés d'ambiguïté que certains peuvent chercher à exploiter. C'est tout l'enjeu de cet ouvrage.

Chapitre 1

La particularité camerounaise de la procédure d'expropriation pour cause d'utilité publique

Introduction

En droit et précisément en droit administratif l'expropriation pour cause d'utilité publique désigne la procédure permettant à une personne publique (État, collectivité territoriale, établissement public) de contraindre une personne privée à lui céder un bien immobilier ou des droits réels immobiliers, dans un but d'utilité publique, moyennant une juste et préalable indemnité. Dans certains cas, elle peut être mise en œuvre au profit de personnes juridiques privées en vue de la réalisation d'un objectif d'utilité publique. (Guinchard et Debard, 2016).

Trois traits fondamentaux caractérisent l'expropriation : (i) elle vise à la dépossession par les pouvoirs publics des seuls droits immobiliers ; (ii) elle est une dépossession pour cause d'utilité publique ; (iii) elle est enfin un acte unilatéral de l'État ou de l'Administration (Owona, 1985).

La particularité camerounaise de la procédure d'expropriation pour cause d'utilité publique est qu'elle est une procédure essentiellement administrative. Il s'agit d'une procédure accélérée et simplifiée. Elle est prononcée par un acte administratif qui est suivi par d'autres actes administratifs et instruite par des autorités administratives.

La procédure d'expropriation au Cameroun est organisée par la loi n° 85/09 du 4 juillet 1985. L'expropriation peut être engagée soit à la demande des services publics ou des autres personnes morales de droit publics, soit à la demande des concessionnaires de service public. Cette procédure est organisée autour de plusieurs étapes.

1.1. La nature de la procédure d'expropriation

Au Cameroun l'expropriation porte atteinte au droit de propriété et à certains droits expropriables. C'est ainsi que l'article 2 de l'ordonnance n° 74/3 du 6 juillet 1974 relative à la procédure d'expropriation pour cause d'utilité publique et aux modalités d'indemnisation déclare que l'expropriation pour cause d'utilité publique n'affecte que la propriété privée.

La Constitution du Cameroun donne une définition stricte du droit de propriété : « le droit d'user, de jouir et de disposer des biens garantis à chacun par la loi ». L'expropriation porte attente atteinte à l'usage, à la jouissance et à la disposition des biens.

L'ordonnance n° 74/3 du 6 juillet 1974 relative à la procédure d'expropriation renvoie à la propriété privée telle qu'elle est définie à l'article 2 de l'ordonnance n° 74/1 de la même date qui dit :

Font l'objet du droit de propriété privée les terres énumérées ci-après : les terres immatriculées, les *free hold lands*, les terres acquises sous le régime de la transcription, les concessions domaniales définitives, les terres consignées au Grund Bunch (Ibid).

Au Cameroun, l'expropriation pour cause d'utilité publique est une dépossession unilatérale par l'État. Seul l'État, en la personne de son chef peut exproprier par décret pour cause d'utilité publique. Par déduction logique, à partir de la structure hiérarchique des normes, au Cameroun, aucune autre autorité ne peut exproprier sauf dérogation fondée sur une délégation expresse des pouvoirs par le président de la République. L'expropriation se distingue des autres formes administratives d'acquisition forcée des biens, notamment de :

- l'incorporation des dépendances du domaine national au domaine privé de l'État ou des autres personnes morales publiques qui ne vise a priori que les terrains occupés ou exploités non immatriculés et les terrains inoccupés ou inexploités ;
- la nationalisation, qui est une expropriation législative des propriétaires ou actionnaires de sociétés industrielles ou commerciales sous l'impulsion de considérations diverses ;
- la préemption : droit reconnu dans certains cas à l'administration d'acquérir à titre préférentiel la propriété d'un bien lors de son aliénation ;
- la réquisition : procédé par lequel l'administration, moyennant indemnisation, peut contraindre les particuliers à lui céder l'usage de leurs biens meubles et immeubles ;
- la saisie ou la confiscation qui est le transfert à l'État ou à un établissement public de tout ou partie de biens d'un particulier à titre de peine accessoire ou complémentaire. (Nyama, 2012).

1.2. Les différentes étapes de la procédure d'expropriation

Le déclenchement de la procédure : la demande d'expropriation

Elle peut être le fait des services publics de l'État agissant par un département ministériel déterminé dans les conditions prescrites par les textes. La demande d'expropriation peut également être établie suite à la réquisition d'autres personnes morales de Droit public : concessionnaires des services publics ou sociétés d'économie mixte en vue de la réalisation des travaux d'intérêt général (Owona, 1985).

Le requérant de l'expropriation désireux d'entreprendre une opération d'utilité publique doit soumettre au ministre chargé des domaines un dossier comprenant les mêmes indications que celles exigées dans la procédure d'incorporation. Lorsque l'expropriation pour cause d'utilité publique est demandée en faveur des collectivités publiques locales, des établissements publics, des concessionnaires des services publics ou de sociétés d'État, et qu'elle vise la réalisation de travaux d'intérêt général, ces derniers doivent procéder aux négociations préalables avec les propriétaires ou ayants droit des terrains concernés par l'expropriation. Ces négociations ont pour but de convaincre les populations bénéficiaires de ces travaux d'intérêt général de leur bien-fondé. (Nyama, 2012).

En cas de désaccord, les résultats desdites négociations sont soumis à l'arbitrage du ministre en charge des Domaines qui apprécie, à son tour, le bien-fondé des justifications du projet. Si le désaccord persiste malgré l'arbitrage du ministre, il est procédé à l'expropriation aux frais du bénéficiaire de cette mesure.

L'instruction du dossier : l'arrêté de déclaration d'utilité publique

Dans le cas d'une expropriation poursuivie à la demande des services publics de l'État, le ministre chargé des Domaines, après réception du dossier de demande, prend un arrêté déclarant d'utilité publique les travaux projetés, et prescrit une enquête préalable qui est conduite par le préfet du département où est situé l'immeuble à exproprier.

En cas d'expropriation poursuivie à la demande d'autres personnes morales de droit public, le ministre chargé des Domaines reçoit les résultats des négociations préalables entreprises par ces personnes morales de droit public avec les propriétaires des biens immobiliers à exproprier. Il peut tenter un arbitrage qui, s'il est infructueux, donne lieu à une expropriation aux frais du bénéficiaire de l'opération (Owona, 1985).

L'arrêté déclarant d'utilité publique des travaux projetés est suspensif de toute transaction, de toute mise en valeur sur les terrains concernés. Aucun permis de construire ne peut, sous peine de nullité d'ordre public, être délivré sur les lieux. Toutefois, l'arrêté ne fait pas obstacle à la poursuite des procédures d'immatriculation du domaine national de première catégorie au profit de leurs occupants ou de leurs exploitants. De même, tant que le décret d'expropriation n'est pas pris, l'inscription des droits réels grevant lesdits terrains peut être poursuivie.

L'arrêté de déclaration d'utilité publique devient caduc si, dans un délai de deux ans à compter de la date de sa notification au service ou organisme bénéficiaire, il n'est pas suivi d'expropriation. Sa validité peut être prorogée une seule fois par arrêté du ministre chargé des Domaines, mais seulement pour une durée d'un an. L'arrêté de déclaration d'utilité publique définit également le niveau de compétence de la commission chargée de l'enquête d'expropriation, dite commission de constat et d'évaluation (Nyama, 2012).

La commission de constat et d'évaluation

Cette commission est chargée :

- de déterminer la consistance des biens, objets de l'expropriation ;
- d'inventorier les divers droits mis en cause et d'en identifier les titulaires ;
- d'expertiser les éléments matérialisant la mise en valeur ;
- de procéder au bornage du terrain en cause.

Les travaux de la commission donnent lieu à l'établissement de trois procès-verbaux :

a) le procès-verbal d'expertise des cultures ;
b) le procès-verbal d'expertise des constructions ;
c) le procès-verbal d'enquête relatant les incidents éventuels et les observations des expropriés.

L'existence d'une commission d'évaluation chargée de déterminer la consistance des biens objets de l'expropriation, d'inventorier les divers droits mis en cause et d'en identifier les titulaires, d'expertiser les éléments matérialisant la mise en valeur (cultures, constructions, et autres aménagements), de procéder au bornage, constitue également une garantie de l'authentification des droits expropriés. Toutefois, il faut tenir compte ici du caractère essentiellement administratif de sa composition (Ibid).

Les procès-verbaux de constat et d'évaluation

À la fin de son enquête, la commission doit produire :

- un PV d'enquête relatant tous les incidents éventuels ou observations des personnes évincées signé de tous ses membres présents ;
- un PV de bornage et le plan parcellaire du terrain retenu, établi par le géomètre membre de la commission ;
- un état d'expertise des constructions et de toute autre mise en valeur signé de tous les membres de la commission.

Ces différents documents sont transmis au ministre chargé des Domaines. Ils servent à la préparation du décret d'expropriation et à l'indemnisation des victimes (Nyama, 2012).

Le décret d'expropriation

Le décret d'expropriation constitue lui-même une garantie administrative par l'intervention de la haute autorité du chef de l'État. Cette intervention délocalise la procédure, en évitant un transfert de la propriété immobilière dès l'intervention de simples autorités locales qui prétendaient avoir intérêt à utiliser cette procédure de cession forcée d'un droit constitutionnel garanti le droit de propriété.

À un degré moindre l'arrêté du ministre chargé des Domaines constitue également une garantie du sérieux de l'opération dont la direction échappe ainsi aux simples personnes morales de droit public (établissements publics et communes), puisque c'est cet acte qui fonde l'utilité de l'opération et sur lequel est fondé le décret portant expropriation pour cause d'utilité publique (Owona, op.cit). Le décret d'expropriation entraîne le transfert de la propriété, la purge des droits réels inscrits, le déguerpissement et l'indemnisation des victimes.

Les conséquences du décret d'expropriation

a) Le transfert de propriété

Le décret d'expropriation a pour effet de transférer la propriété du terrain exproprié à l'État ou à la personne morale bénéficiaire de cette procédure. En conséquence, il permet de muter les titres existants en leur nom et rend l'immeuble définitivement disponible. Si une partie seulement de l'immeuble est expropriée, le surplus reste disponible. Dans cette hypothèse ; il appartient à l'expropriant de requérir le morcellement de la partie expropriée de l'immeuble et son immatriculation (Nyama, 2012).

b) La purge des droits réels inscrits

Le décret d'expropriation a pour autre conséquence de purger d'office l'immeuble de tous les droits réels inscrits. Leurs détenteurs ne peuvent plus exercer ces droits sur l'immeuble exproprié, mais seulement sur l'indemnité d'expropriation et à la condition que ces droits aient fait l'objet d'une inscription avant la signature du décret d'expropriation.

Si les actions en résolution, revendication et toutes les autres actions réelles ne peuvent arrêter l'expropriation, une fois que le décret d'expropriation est pris, les droits des réclamants sont transportés sur la créance d'indemnité et l'immeuble en demeure affranchi. Ici également, il importe de porter ces actions à la connaissance de la commission.

c) *Le déguerpissement des victimes*

Le décret d'expropriation autorise le déguerpissement des victimes. Une fois qu'il est pris, un préavis de six mois à compter de la date de sa publication est donné aux victimes pour libérer les lieux. Ce délai est de trois mois en cas d'urgence (Nyama, 2012).

Conclusion

Au Cameroun, la procédure d'expropriation pour cause d'utilité publique est expressément prévue par la Constitution du 2 juin 1972, qui déclare en son préambule que « La propriété est le droit d'user, de jouir, et de disposer des biens garantis à chacun par la loi. Nul ne saurait en être privé si ce n'est pour cause d'utilité publique et sous la condition d'une indemnisation dont les modalités sont fixées par la loi ».

L'article 12 de l'ordonnance n° 74-1 du 6 juillet 1974 fixant le régime foncier confirme cette procédure constitutionnelle « Pour la réalisation des objectifs d'intérêt général, l'État peut recourir à la procédure d'expropriation.

Cette procédure est engagée soit directement à la demande des communes, des établissements publics ou de concessionnaires de service public. » (cf. régime foncier du Cameroun).

La procédure d'expropriation pour cause d'utilité publique qui s'est institutionnalisée dans le droit camerounais est un leg de la colonisation. L'expropriation pour cause d'utilité publique diffère de l'expropriation pour absence de mise en valeur. L'expropriation pour absence de mise en valeur est en vigueur dans la plupart des pays de la CEMAC à l'instar du Gabon, du Tchad, du Congo, etc. Au Congo par exemple, l'arrêté du 2 avril 1964 institue une procédure spéciale de ce type pour « les terres acquises à la suite de l'octroi de concessions domaniales et dont la mise en valeur obligatoire n'a pas été assurée depuis plus de quatre ans. Une procédure de même nature est prévue par l'article 12 de la loi tchadienne n° 25 du 22 juillet 1967 pour toute terre rurale faisant l'objet d'un droit de propriété et dont la mise en valeur agricole n'a pas été effective (Owona, 2012). Au Cameroun, l'expropriation pour cause d'absence de mise en valeur est prononcée lorsque la concession domaniale n'a pas été mise en valeur au bout de trois ans.

Chapitre II

La particularité camerounaise de la procédure d'indemnisation

Introduction

Selon le droit civil, l'indemnisation est un droit en cas d'expropriation. Elle ne peut être supprimée ni par un texte ayant valeur de loi ni par un quelconque acte administratif. C'est une obligation constitutionnelle pour les pouvoirs publics. L'indemnité est conçue comme une contrepartie, a priori pour réparer un dommage direct, matériel et certain. Cette indemnité doit être juste, pas seulement symbolique ni une aumône ostentatoire (Owona, 1985). L'indemnité peut également être conçue comme préalable à toute expropriation : être une opération déterminante de la validité de la cession forcée des droits expropriés.

Rien dans les textes camerounais n'incline à adopter cette manière de voir. Bien au contraire, la caractéristique fondamentale de la procédure camerounaise d'expropriation est d'être une procédure accélérée qui comporte transfert de propriété dès la prononciation de l'expropriation par décret.

L'indemnisation peut être versée en numéraires ou prendre la forme d'une terre de valeur équivalente. En cas de compensation en nature, le terrain attribué doit, autant que faire se peut, être situé dans la même commune que le terrain frappé d'expropriation (loi n° 85/09 article 8).

En principe il est recommandé que l'indemnisation soit versée avant l'expulsion des habitants. Cependant, dans certains cas (non spécifiés dans le régime foncier), le bénéficiaire de l'expropriation peut, avant paiement effectif de l'indemnité, occuper les lieux dès la publication du Décret d'expropriation (article 4 alinéa 3).

Une indemnisation peut également être versée au titre des éléments suivants : les terrains nus vraisemblablement dans l'intention de les cultiver ; la valeur des récoltes sur pied ; la valeur des constructions permanentes et tout autres mises en valeur, quelle qu'en soit la nature dûment constatée par une commission dite de constat et d'évaluation (loi n° 85-09 de 1985, article 7). Ceci affecte aussi bien les propriétaires enregistrés que les occupants légitimes des terres domaniales.

2.1. Les conditions de l'indemnisation

L'objet de l'indemnisation

L'indemnité d'expropriation porte sur le dommage matériel direct, immédiat et certain causé par l'éviction. Elle couvre les terrains nus, les cultures, les constructions et toutes autres mises en valeur, quelle qu'en soit la nature, dûment constatées par la commission de constat et d'évaluation. En revanche, il n'est dû aucune indemnité pour destruction des constructions vétustes ou menaçants ruines ou de celles réalisées en infraction aux règles d'urbanisme ou aux dispositions législatives ou réglementaires fixant le régime foncier.

Modalités et valeur de l'indemnisation

La valeur des constructions et des autres mises en valeur est déterminée par la commission de constat et d'évaluation, tandis que les modalités de détermination de la valeur des cultures détruites sont fixées par voie réglementaire. L'indemnisation des terrains nus et non viabilisés est faite selon les modalités suivantes :

- lorsqu'il s'agit d'un terrain résultant d'une détention coutumière ayant donné lieu à l'obtention d'un titre foncier, l'indemnité ne peut dépasser le taux minimum officiel des terrains domaniaux non viabilisés de la localité de situation du titre foncier ;
- lorsqu'il s'agit d'un terrain résultant d'une transaction normale de droit commun ou d'une acquisition de terrains domaniaux, l'indemnité due est égale au prix d'achat, majoré des frais divers d'acquisition (cf. Régime foncier du Cameroun).

La charge de l'indemnisation

Les indemnités dues pour expropriation sont à la charge de l'expropriant. Elles sont supportées soit par le budget du département ministériel ayant sollicité l'expropriation, lorsqu'il s'agit de l'État, soit par la personne morale de droit public ou le concessionnaire de service public bénéficiaire de l'opération.

Nature de l'indemnisation

L'indemnité d'expropriation est pécuniaire. Mais la loi permet aux personnes morales publiques bénéficiaires de l'expropriation de substituer à l'indemnité pécuniaire une compensation en nature de même valeur, lorsqu'il s'agit de terrain. Dans cette hypothèse, le terrain attribué doit, autant que faire se peut, être situé dans la même commune que le terrain frappé d'expropriation.

Si la valeur du terrain alloué en compensation est supérieure à celle du terrain frappé d'expropriation, la soulte est payée par le bénéficiaire de l'indemnité. Si elle est inférieure, le bénéficiaire de l'expropriation alloue une indemnité pécuniaire correspondant à la soulte.

Le moment de l'indemnisation

En principe, l'indemnisation est préalable à l'expropriation ou, plus exactement, à l'entrée en possession de l'expropriant. Autrement dit, l'État ou bien la personne morale publique bénéficiaire de cette procédure ne peut prendre possession de l'immeuble exproprié qu'après paiement de l'indemnité, consignation de celle-ci à la Caisse des Dépôts et consignation ou encore mandatement des crédits correspondants. Cependant, dans certains cas, le bénéficiaire de l'expropriation peut, avant paiement effectif de l'indemnité, occuper les lieux dès publication du décret d'expropriation (Nyama, 2012).

Le montant de l'indemnité d'expropriation

L'indemnité d'expropriation comporte les éléments suivants :

- la valeur des cultures détruites déterminée conformément aux barèmes en vigueur ;
- la valeur des constructions et autres aménagements déterminés par la commission d'évaluation ;
- la valeur du terrain calculée sur des bases rigoureusement déterminées par l'ordonnance :

  1° les terrains urbains résultant d'une attribution domaniale à titre onéreux s'apprécient suivant le prix officiel des terrains domaniaux du centre considéré et ne peuvent le dépasser.

  2° l'indemnité est le prix d'achat majoré des frais divers d'acquisition et de conservation lorsqu'il s'agit d'un terrain résultant d'une transaction normale de droit commun.

  3° l'indemnité ne peut dépasser le montant des frais engagés lorsqu'il s'agit d'un terrain résultant d'une détention coutumière ayant donné lieu à l'obtention d'un titre foncier. (Op.cit).

2.2. Du contentieux

Dans sa phase administrative, l'expropriation est un acte de puissance publique. Aussi, seuls les tribunaux administratifs sont compétents pour statuer sur la validité des actes administratifs intervenant au cours de cette procédure. Il en est ainsi si l'on conteste par exemple la composition de la commission de constat et d'évaluation ou bien l'un des divers actes établis au cours de son enquête (PV d'enquête, de bornage, expertise, etc.)

L'exproprié, non satisfait par le montant de l'indemnité, adresse une réclamation au préfet du département du lieu d'implantation de l'immeuble objet de l'expropriation qui en saisit la commission d'évaluation. Le président de la commission notifie aux parties intéressées le jour, l'heure et le lieu de la réunion. La commission délibère après audition des parties : le quorum requis pour une réunion valable étant de trois membres au moins présents. Le procès-verbal de cette réunion est adressé au ministre chargé des Domaines qui notifie en cas de rejet la décision au requérant.

Le requérant non satisfait de la décision du ministre doit saisir dans le mois de la notification le tribunal de première instance du lieu de situation de l'immeuble. La brièveté du délai est à noter. Le tribunal peut confirmer, réduire, ou augmenter le montant de l'indemnité suivant les règles d'évaluation fixées par la présente ordonnance sous réserve des voies de recours de droit commun (Ibid).

Conclusion

Le code foncier camerounais accorde que, lorsque la terre a été achetée auprès de l'État par exemple, l'indemnité due est égale au prix d'achat majoré des frais divers d'acquisition (article 9). Ceci est prévu pour les propriétaires privés enregistrés. Lorsqu'il s'agit d'un terrain résultant d'une détention coutumière ayant donné lieu à l'obtention d'un titre foncier l'indemnité ne peut dépasser le taux minimum officiel des terrains domaniaux non viabilisés dans la localité de situation du bien foncier (article 9).

Les types de terres pour lesquelles une indemnisation peut être versée au titre de leur appropriation à des fins d'intérêt public sont définis par la loi n° 85-09 du 4 juillet 1985 qui régit l'expropriation pour cause d'utilité publique. Des dispositions procédurales supplémentaires sont établies dans le Décret 87-1972 de 1987 et dans une Instruction datant de juin 2007. Ces textes stipulent que, seules les propriétés privées (c'est-à-dire les parcelles enregistrées) qui sont saisies pour cause d'intérêt public donnent droit à l'attribution d'une indemnisation.

Cette indemnisation est également rendue obligatoire pour les propriétaires ou les occupants de bonne foi des terres domaniales (domaines d'État) (cf. ordonnance n° 74-2 de 1974, article 7). L'identification des occupants de bonne foi dépend cependant d'une « occupation effective » probante, c'est-à-dire de la mise en valeur de la terre par l'installation de bâtiments, de plantations, de fermes ou d'enclos. Les personnes détenant collectivement des terres, et non à des fins de culture, ne peuvent obtenir d'indemnisation. Peuvent prétendre à une indemnisation uniquement les détenteurs de « titres fonciers »[2].

[2]Le titre foncier est le document officiel de certification de la propriété immobilière ou foncière délivré par une autorité administrative (Chef de service régional des domaines) à l'issue d'une procédure administrative. Sa nature administrative est incontestable en ce sens qu'il est la certification officielle de la propriété immobilière. C'est d'ailleurs la seule preuve de la propriété foncière au Cameroun. Le décret n° 76/165 du 27 avril 1976 fixant les conditions d'obtention du titre foncier prévoit plusieurs procédures permettant d'aboutir à la délivrance du titre de propriété. La première desdites procédures est l'immatriculation qui se décline en immatriculation directe et en immatriculation indirecte. Ces différentes procédures sont instruites par les services déconcentrés du ministère en charge des affaires foncières et domaniales. Sous réserve des dispositions de l'article 2 alinéa 3, le titre foncier est inattaquable, intangible et définitif. Il en

Cette condition très clivante est préjudiciable pour les communautés coutumières qui ne peuvent pas réclamer d'indemnisation lorsque leurs terres sont réquisitionnées pour des projets économiques déclarés d'utilité publique faute d'un titre de propriété.

---

est de même des actes constatant les autres droits réels attachés à la propriété. Le titre foncier donne à l'immatriculation, une fois prononcée, une base et une force inébranlable, sans lesquelles le régime foncier de l'immatriculation serait sans garantie. Toutefois, certains faits peuvent entraîner la nullité du titre foncier.

Chapitre III

La particularité camerounaise de la procédure d'immatriculation

Introduction

Le décret n°76/165 du 27 avril 1976 fixant les conditions d'obtention du titre foncier au Cameroun prévoit plusieurs procédures permettant d'aboutir à sa délivrance. En schématisant, on peut les classer en deux catégories : une procédure d'immatriculation directe et des procédures d'immatriculation indirectes. Ces différentes procédures sont instruites par les services déconcentrés du ministère en charge des affaires foncières et domaniales, notamment, les délégations régionales et départementales (Nyama, 2012).

3.1. La procédure d'immatriculation directe

La procédure d'immatriculation commence généralement par le dépôt de la demande d'immatriculation au district ou à la sous-préfecture du lieu de situation de l'immeuble. La demande d'immatriculation est assortie d'un certain nombre d'indications ou de renseignements destinés aux tiers. Aussi doit-elle être entourée d'une large publicité.

La publicité de la demande

Il est nécessaire qu'une très large publicité soit donnée aux demandes d'immatriculation, afin de permettre aux tiers pouvant avoir des droits réels sur l'immeuble de les sauvegarder. Ainsi dès réception du dossier déposé auprès du chef de district ou du sous-préfet du lieu de situation de l'immeuble, et dans les soixante-douze heures, celui-ci délivre sans aucune formalité préalable sur le terrain, un récépissé à l'adresse y indiquée, puis le transmet dans les huit jours à la délégation départementale des affaires foncières (art.13 al. Nouveau, déc.n°76/165).

Dès réception du dossier, le délégué départemental des affaires foncières fait publier dans les quinze jours, par le chef service départemental des affaires foncières, un extrait de la demande par voie d'affichage dans les locaux du service de la sous-préfecture, du district, de la mairie et à la chefferie du village concerné (al.2).

La loi n'indique pas les mentions qui doivent figurer nécessairement dans l'extrait. Il n'est pas non plus fait état des sanctions que pourrait entraîner le défaut de publicité. C'est là une grave lacune dans la mesure où cette publicité est effectuée dans l'intérêt des tiers, à qui la loi reconnaît par ailleurs le droit de faire des oppositions et des inscriptions à compter du jour du dépôt au district ou à la sous-préfecture de la réquisition de l'immatriculation (Nyama, 2012).

En toute hypothèse, l'omission dans l'extrait de la demande de l'état-civil du requérant, de la description de l'immeuble avec indication de sa contenance et de ses limites, des droits réels et charges grevant l'immeuble constitue des vices qui doivent être sanctionnés par nullité de la procédure. De même, la nullité devrait être prononcée si le chef de service régional des affaires foncières omet de publier l'avis rectificatif et lèse ainsi les droits des tiers absents au bornage (Ibid).

La procédure d'immatriculation se poursuit par une décision du sous-préfet ou du chef de district fixant la date du constat d'occupation ou d'exploitation, sur proposition du chef de service régional des affaires foncières. Ce constat est fait par la commission consultative, qui demeure seule compétente, en vertu de l'article 16 de l'ordonnance n° 74/1 du 6 juillet 1974, pour établir les constats d'occupation ou d'exploitation des dépendances du domaine national de première catégorie en vue de l'obtention du titre foncier.

Lorsqu'il y a plusieurs demandes, il est établi chaque mois, à la diligence du chef de service départemental des affaires foncières, et par décision du sous-préfet ou du chef de district concerné, un calendrier des travaux de la Commission consultative. Lorsque l'immeuble à immatriculer intéresse plusieurs circonscriptions administratives, les commissions consultatives concernées siègent ensemble, à l'initiative de celle qui détient le dossier.

3.2. Les procédures d'immatriculation indirectes

À côté de la procédure d'immatriculation directe, les décrets n° 76/165 et n° 76/166 du 27 avril 1976 organisent des procédures spéciales d'obtention du titre foncier. Ces procédures d'immatriculation indirectes se caractérisent, soit par le fait que l'immeuble est détenu en vertu d'un acte dont la transformation en titre foncier est admise par la loi, soit que l'immeuble étant déjà immatriculé, des modifications doivent être apportées au titre foncier par suite des faits survenus après immatriculation (Nyama,2012).

La transformation d'anciens actes de propriété en titre foncier

Comme l'indique Jean Marie Nyama (2012), la transformation d'anciens actes de propriété en titres fonciers est une nécessité qu'imposait l'harmonisation ou la fusion des différents régimes d'immatriculation qui ont précédé les réformes de 1974. N'ayant pas eu pour objectif de redistribuer les terres, mais plutôt d'en distribuer à ceux qui n'en possèdent pas, le législateur a voulu, par ce moyen, sauvegarder une certaine stabilité au droit foncier, en assurant une plus grande sécurité aux droits déjà recensés.

Toutefois, comme le fait remarquer avec pertinence Jean Marie Nyama (2012), il faut simplement regretter ici qu'on ait introduit, ce faisant, une discrimination entre les différents actes de reconnaissance de la propriété, dont certains - tels que les livrets fonciers et les jugements constitutifs ou translatifs de droit réels – ont été soumis à des délais préfix.

La nature juridique des actes dont la transformation est admise par la loi

L'article 3 du décret n°76/165 a prévu la transformation en titre foncier des actes d'acquisition de terrains inscrits au *Grundbuch*, des actes d'acquisition d'une concession domaniale, des livres fonciers ou des *certificates of occupancy*, des jugements définitifs, constitutifs ou translatifs de droits réels, des conventions entre Africains passées sous le régime du décret du 29 septembre 1920, abrogé par la loi du 27 juin 1961 relative aux actes notariés, les actes d'acquisition des *freeholds lands* (Ibid).

3.3. L'établissement du titre foncier

Chaque cas d'immatriculation donne lieu à l'établissement par le conservateur foncier d'un titre foncier et de ses dérivés, s'il y a lieu, dont la forme, le contenu, les conditions de rectification et la consultation sont prévus par le décret n°76/1655.

Forme et contenu du titre foncier

L'article 35 (nouveau) du décret n° 76/165 du 27 avril 1976 relatif aux conditions d'obtention du titre foncier énumère les mentions obligatoires qui doivent figurer sur chaque titre foncier. Ces mentions sont relatives à la fois au propriétaire et à l'immeuble immatriculé.

Le titre foncier doit comporter obligatoirement l'indication de l'état civil du propriétaire. Concrètement, il s'agit de tous les renseignements permettant l'identification du propriétaire sur le plan civil et professionnel : noms et prénoms, date et lieu de naissance, nationalité, domicile, profession, régime matrimonial, etc.

L'article 36 du même décret dispose que lorsque le titre foncier est établi au nom d'un mineur ou de tout autre incapable, l'âge du mineur et la nature de l'incapacité sont indiqués sur le titre. Cette disposition, qui ne vise que l'incapacité du mineur, est purement indicative. Si elle est indispensable pour avertir les tiers qui ne peuvent contracter valablement avec cette catégorie de propriétaires, elle ne dispense pas de rechercher d'une manière générale, en dehors des livres fonciers, s'il n'existe pas d'autres causes d'incapacité.

Il importe de relever que le décret foncier n'organise pas de mode de publication des incapacités dont le titulaire du titre foncier peut être atteint (mariage, interdiction...) postérieurement à l'établissement de son titre. Cette omission peut s'expliquer, selon jean Marie Nyama (2012), par le fait que la force probante des inscriptions n'a pas été instituée en faveur des parties, mais essentiellement au profit des tiers. C'est pourquoi la nullité d'un acte passé avec un incapable ne produit ses effets qu'entre les parties sans rejaillir sur les tiers de bonne foi (Ibid).

Les mentions relatives à l'immeuble immatriculé

Le titre foncier doit comporter, en outre :

- la description de l'immeuble avec indication de sa consistance, sa contenance, sa situation, ses limites, ses tenants et aboutissants ;
- les droits réels existants sur l'immeuble et les charges qui le grèvent ;
- un numéro d'ordre et un nom particulier ;
- le plan de l'immeuble dûment signé par un géomètre assermenté et visé par le chef de service

départemental du cadastre du lieu de situation de l'immeuble.

Les mentions relatives à la description de l'immeuble ont pour but de le caractériser et de l'individualiser par rapport aux autres immeubles. Les mentions relatives aux droits réels et charges qui le grèvent informent les tiers sur les actes constitutifs de droits réels (hypothèques, usufruit) et les obligations (servitudes) qui, en modifiant la situation juridique de l'immeuble, diminuent les droits du propriétaire. Elles doivent être connues de toute personne qui pourrait à son tour obtenir un droit sur l'immeuble (Ibid).

La délivrance et la consultation du titre foncier

L'aboutissement de la procédure d'immatriculation est l'établissement du titre foncier, par le conservateur de la propriété foncière, dont un duplicata nominatif est délivré au seul propriétaire et, s'il y a lieu, des titres spéciaux donnant droit également à la délivrance de *duplicatum* pour certains titulaires de droits réels immobiliers et enfin des certificats d'inscription nominatifs pour les autres titulaires des droits réels.

La délivrance des titres spéciaux

Après immatriculation de l'immeuble, des titres spéciaux peuvent être établis sur la demande des intéressés au nom de l'usufruitier, de l'emphytéose, du superficiaire, de l'antichrèse, pour garantir l'inscription des droits réels qu'ils exercent sur le terrain immatriculé.

Toutes références utiles sont mentionnées dans ces cas sur le titre foncier de l'immeuble établi au nom du propriétaire. Ici également, tout usufruitier, emphytéose, antichrèse ou superficiaire a droit à un *duplicatum* authentique exact et complet du titre spécial dont il a pu requérir l'établissement.

Indépendamment du droit de propriétaire, les droits d'usufruit, d'emphytéose et de superficie peuvent être aliénés et hypothéqués. C'est pourquoi il est indispensable que les titulaires de ces droits possèdent des titres spéciaux qui les spécifient.

De même, dans la mesure où toutes les fois qu'une inscription est portée sur le titre foncier, elle doit l'être en même temps sur le *duplicatum*, il importe que l'usufruitier, l'emphytéose et le superficiaire puissent obtenir également des duplicatas de leurs titres spéciaux. Mais à l'expiration de l'usufruit, de l'emphytéose et de la superficie, le titre et son *duplicatum* doivent être annulés (Nyama, 2012).

Conclusion

En tant que certification de la propriété foncière et immobilière, l'obtention du titre foncier relève d'un véritable parcours du combattant au Cameroun. Complexité de la procédure, coût élevé, pluralité des acteurs, corruption, tripatouillages, circuits parallèles, etc., caractérisent l'obtention de ce document. D'où les acquisitions foncières en violation flagrante de la législation en vigueur observées au quotidien. Cette situation est la traduction du peu d'intérêt que les uns et les autres accordent désormais au titre foncier. De document fiable et support de toutes transactions immobilières, il n'est plus qu'un « simple » document facultatif aux yeux d'une bonne frange de la population camerounaise, notamment les communautés coutumières.

DEUXIÈME PARTIE

LES CADRES JURIDICO-STRATÉGIQUES ET POLITICO-STRATÉGIQUES DES DÉPOSSESSIONS FONCIÈRES POUR CAUSE D'UTILITÉ PUBLIQUE EN ZONES RURALES AU CAMEROUN

Les communautés villageoises camerounaises, du fait de la marginalisation du droit foncier coutumier, connaissent une situation confuse et difficile sur leurs terres ancestrales à cause des dépossessions répétées et parfois injustifiées qu'elles subissent de la part des autorités étatiques, pour des raisons d'utilité publique. C'est ainsi que des familles entières sont parfois chassées de leur terres sans la moindre compensation.

Et lorsque, par extraordinaire, l'État consent à verser une indemnisation, celle-ci est généralement insignifiante et arrive parfois après des mois, voire des années d'attente. Le cas des populations des localités affectées par les projets dits structurants illustre à foison à cette situation. C'est le cas, en guise d'exemples, des communautés coutumières expropriées dans le cadre de la construction du barrage hydroélectrique de lom-pangar et de l'autoroute Yaoundé-Douala.

Chapitre IV

La situation des communautés rurales expropriées dans le cadre de la construction du barrage hydroélectrique de Lom-Pangar

Introduction

Pour résorber le déficit d'approvisionnement en énergie électrique auquel le pays est confronté avec acuité ces récentes années à cause du vieillissement du parc de production qui fait que l'offre est insuffisante au regard des besoins actuels, l'État camerounais a entrepris la réalisation d'une série d'infrastructures à moyen et long termes au nombre desquels : les centrales hydroélectriques de Nachtigal (330 MW), de Song Mbengé (950 MW), de Memve'ele (120MW201MW), de Kikot (350-550MW), de Njock (270 MW), de Ngodi (475 MW), de Song Ndong (250-300 MW), de Nyanzom (375 MW), de Bayomen (470 MW), de Mouila-Mogué (350 MW), de Bagangté (90 MW) sur le réseau interconnecté Sud (RIS), etc.

Si certaines infrastructures sont avancées du point de vue de leur matérialisation sur le terrain, d'autres, en revanche, sont quasiment achevées. C'est le cas du barrage-réservoir de Lom-Pangar qui a connu sa mise en eau en septembre 2015, et de bien d'autres ouvrages.

Nonobstant son apport incontestable du point de vue de l'amélioration de l'offre en énergie électrique, la construction du barrage hydroélectrique de Lom-Pangar a eu une incidence directe sur les populations riveraines vivant dans la zone d'influence du projet. Et pour cause, celles-ci ont été déplacées malgré elles. Dans la foulée, un certain nombre d'activités économiques ont également été déplacées : agriculture, activités pastorales et d'extraction artisanale d'or, etc.

Le déplacement de ces populations avait été motivé par des promesses d'indemnisations et de recasements. Cependant force est de constater que des années après la fin des travaux sanctionnés par la mise eau du barrage ; les populations évincées connaissent des conditions de vie difficiles. Cette situation est induite par le fait que toutes les promesses à elles faites ont été partiellement tenues pour certaines et pas du tout pour d'autres.

4.1. La situation sociale actuelle des populations déplacées

L'essentiel des populations expropriées lors de la construction du barrage hydroélectrique de Lom-Pangar attendent toujours d'être indemnisées par l'État. Pour l'heure, elles sont confrontées à la précarité ; leurs principales activités économiques ayant été détruites (agriculture, orpaillage, pêche, élevage…).

Dans leurs nouveaux villages (Lom 1, Ndeng-ndeng, Ouami, Kambo-kassi…), il n'y a ni électricité ni route praticable, encore moins d'eau potable. Les sources principales d'eau de consommation dans ces villages sont des sources « traditionnelles » non protégées et des petites rivières. D'où la prolifération des maladies hydriques qui ont déjà entrainé plusieurs décès.

Face à cette misère ambiante et fatiguées d'attendre une amélioration conséquente de leurs conditions de vie, plusieurs familles quittent ces villages de recasement en direction des villes, non sans avoir bradé, pour certaines, leurs maisons de relocalisation.

Cette situation étonne tout de même surtout lorsqu'on sait que tout un Plan d'Indemnisation et de Réinstallation de ces population avaient été élaboré par les équipes techniques du projet avec des objectifs précis.

4.2. Les objectifs de départ du Plan d'Indemnisation et de Réinstallation (PIR) du projet hydroélectrique de Lom-Pangar

La précarité des populations évincées dans le cadre de la construction du barrage hydroélectrique de Lom-Pangar contraste avec les objectifs du plan d'indemnisation et de réinstallation (PIR) initié par les équipes techniques du projet.

Et en effet, le projet d'aménagement hydroélectrique de Lom Pangar a fait l'objet de plusieurs études environnementales et sociales qui ont conduit en novembre 2011 à l'élaboration du rapport final du Plan d'indemnisation et de réinstallation (PIR), afin de traiter toutes les questions relatives à l'indemnisation et la réinstallation des personnes physiquement ou économiquement déplacées par le projet.

Par la suite les actions du PIR seront complétées par le PGES[3] qui englobait toutes les mesures compensatoires supplémentaires dans le but de renforcer les actions de restauration de niveaux de vie et/ou d'appui au développement local. Le paiement des indemnisations, la réinstallation des personnes déplacées, ainsi que le volet des compensations collectives des villages d'accueil constituaient l'ensemble des actions du PIR.

La mise en œuvre du PIR prévoyait le déplacement des populations du village Lom- Pangar, situé à environ 2 km du site du barrage. Outre le déplacement, le PIR prévoyait

---

[3] *Plan de Gestion Environnementale et Sociale*

également la réinstallation et la restauration des moyens de subsistance de ces riverains, conformément à l'une des politiques de sauvegarde environnementale de la Banque Mondiale, relative aux déplacements et aux réinstallations involontaires.

Le déplacement du village de Lom-Pangar qui a fait l'objet d'un des points abordés lors de la dernière mission d'évaluation du projet par les bailleurs de fonds, constituait à plus d'un titre, une échéance dans la conduite du projet, tant au plan sécuritaire des populations, qu'au plan socio-économique (projet de rapport final, 2011). Cependant, au lendemain de la mise en eau du barrage, force est de constater que le bilan reste très mitigé au vu des conditions de vie des populations déplacées.

Pourtant, les objectifs et les principes qui sous-tendaient le PIR visaient d'une part à minimiser les effets du projet sur les populations locales grâce à des compensations et des réinstallations adéquates, et d'autre part à permettre à celles-ci d'améliorer leur qualité de vie au travers d'une approche des principaux axes de plans de développement socio-économiques qui sont développés dans le Plan de Gestion Environnemental et Social (PGES) qui accompagne le PIR. Comment donc comprendre l'état de pauvreté actuelle de ces populations ?

Du point de vue des barèmes de compensation, le PIR indiquait pourtant que les compensations prendraient plusieurs formes : indemnisations en numéraire (pertes de cultures, pertes de tombeaux, pertes de revenus) ; compensations en nature (bâtiments privés ou publics) ; compensations par actions de développement et d'appui (appui aux filières agricoles).

Pour les terres portant les cultures vivrières, le PIR proposait que même sans perte de récolte, considérant les problèmes liés au dérangement (recherche de nouvelles terres, fertilité qui pouvait être inférieure), de payer une année de production des champs. Il était proposé un prix moyen de 250 FCFA/m2, ce prix, d'après le PIR, était cohérent avec le barème officiel. À ce prix était ajouté 25 FCFA de frais de défrichement de la nouvelle terre.

S'agissant des terres portant les cultures pérennes, le calcul de la valeur intégrale de remplacement proposé par le PIR imposait de ne pas considérer seulement le produit de la culture sur une année, mais de prendre en compte le coût de rétablissement de la plantation (plants, labour, engrais et autres), ainsi que le revenu perdu pendant les années nécessaires au rétablissement de la plantation.

En ce qui concerne les tombes, le PIR proposait une indemnisation de 80 000 FCFA pour l'exhumation et l'inhumation dans une nouvelle tombe en terre, 120 000 FCFA pour l'exhumation et l'inhumation dans une nouvelle tombe en ciment et 140 000 FCFA pour l'exhumation et l'inhumation dans une nouvelle tombe carrelée. Sans inhumation, une somme de 80 000 FCFA devait être donnée pour la cérémonie pour une tombe en terre et 120 000 FCFA pour une tombe en ciment.

Pour les habitations affectées, le PIR indiquait que celles-ci seraient remplacées dans les mêmes villages par des maisons de surface au moins équivalente, mais au standing amélioré (en briques de terre recouvertes de ciment et avec un toit de tôle). Le PIR précisait également que les maisons comportant une pièce et les cases seraient remplacées par des maisons de deux pièces. Des latrines privatives et des cuisines extérieures seraient aussi installées. Pour les autres petits bâtiments (greniers et autres), le PIR indiquait qu'ils seraient forfaitairement indemnisés à hauteur de 30 000 FCFA pour les greniers et à 20 000 FCFA pour les abris temporaires et autres petits bâtiments.

En somme, une analyse bilan nous permet de conclure qu'à date tous les objectifs du PIR n'ont pas été réalisés au grand dam des populations évincées de leurs terres ancestrales. Cette situation montre à suffisance la précarité des populations autochtones relativement à la terre et la volonté des autorités étatiques de perpétuer le mode de gestion colonial dont la particularité était de dénier aux « natifs » la propriété des terres sur lesquelles leurs ancêtres et eux-mêmes avaient toujours vécu et ce afin de s'approprier la majorité des ressources.

En effet, un bref rappel historique nous permet d'arguer que, pendant la colonisation, les terres étaient proclamées propriété de l'État et les propriétaires traditionnels étaient désignés comme de simples occupants et utilisateurs tolérés (Alden Wily, 2011).

Pratiquement toute l'Afrique subsaharienne en fut affectée. Après le départ des autorités coloniales, pour des raisons similaires, la plupart des gouvernements indépendants soutinrent les lois coloniales, cimentant en pratique le rôle de l'État en tant que propriétaire foncier.

C'est notamment le cas au Cameroun où la reconnaissance des droits des populations reste à ce jour soumise à des conditions inadaptées et restrictives. Qui plus est, la notion de propriété coutumière n'est pas reconnue par le droit camerounais. La seule procédure admise pour obtenir la reconnaissance formelle des droits d'utilisateurs coutumiers nécessite la constatation de la mise en valeur des terres, des habitations. De même, les procédures d'immatriculation sont extrêmement complexes, longues, onéreuses et rendent difficiles l'enregistrement juridique des droits et l'acquisition de titres fonciers individuels (Fraticelli, 2012).

Ces règles constituent un « système » qui ne profite qu'à certains, c'est-à-dire, ceux qui ont la possibilité d'accéder à l'administration foncière et d'y entretenir de bons contacts. Elles excluent la reconnaissance des usages traditionnels sur les vastes territoires qui sont le siège de systèmes agro-forestiers, associant cultures sur abattis-brûlis cueillette et chasse, qui ne permettent pas de fournir aisément une preuve de l'emprise humaine permanente sur le milieu naturel.

Ces territoires sont pourtant occupés depuis longtemps par les populations locales, et en particulier par les populations autochtones de chasseurs-cueilleurs. Une conséquence importante de cette exclusion « juridique » est d'inciter à des pratiques de déforestation pour répondre à l'exigence de visibilité de la mise en valeur.

L'État camerounais continue donc de suivre la logique de création des droits depuis le haut, qui était celle du colonisateur, plutôt que de constater et de reconnaître des droits existants (Fraticelli, 2012). C'est ce qui justifie la réticence des populations autochtones quant à la pratique de l'immatriculation des terres. D'où leur référence au seul droit endogène.

Cette dualité juridique fonctionne, dans la plupart des cas de contentieux, au désavantage des communautés coutumières. Le système foncier légal mis en place au Cameroun n'a jusqu'ici profité qu'à un nombre restreint d'acteurs. Parmi ceux-ci, les chefs locaux ont eu la possibilité de « céder », plus ou moins légalement, des droits sur des terres et des forêts inhabitées appartenant coutumièrement à leurs communautés et faisant partie de la réserve de terre nécessaire à la pérennité des systèmes agro-forestiers villageois (Ibid).

La possibilité d'obtenir des rentes, des revenus sans travail, a eu des conséquences négatives importantes sur les systèmes locaux de gouvernance. Dans certains cas, la constitution de vastes plantations, souvent exploitées par des salariés migrants, a empêché le développement d'une paysannerie d'agriculteurs exploitants. L'accaparement de ces grandes étendues forestières a été le fait de groupes économiques étrangers, mais aussi de groupes ethniques camerounais.

La législation foncière en vigueur au Cameroun ne traite pas directement de la question de la propriété coutumière, aucune disposition ne considère les terres communautaires comme une catégorie distincte. Le seul espace légal que les terres communautaires aient pu trouver réside dans la « tolérance » d'une « occupation et un usage paisible de terres » dans le domaine forestier non permanent (art.17 de l'ordonnance de 1974), mais dans la limite des terrains où la présence humaine est évidente.

Cette tolérance est temporaire. L'État garde la possibilité d'aliéner les droits sur les ressources forestières pour cause d'intérêt général et d'utilité publique contre le versement d'indemnisations aux populations. La détermination de l'utilité publique revient cependant à l'administration et les indemnisations, très limitées, sont de par leur nature monétaire sans rapport avec ce que représentent ces espaces naturels pour ces populations, sur les plans social, culturel et spirituel (Ibid).

Au regard de la loi, les propriétaires coutumiers ne sont que des occupants du domaine national. Dans la pratique, ils se trouvent placés dans un rapport d'infériorité vis-à-vis des acteurs externes, en particulier des investisseurs étrangers. L'État peut en effet décider de la cession des terres forestières du domaine forestier non permanent, sous la forme de baux de longue durée ou de titres fonciers de propriété, pour leur conversion à d'autres usages (production de matières premières pour l'industrie alimentaire ou pour la production d'agro-carburants).

Les bénéficiaires répondent aisément à l'obligation de mettre en valeur de manière visible les terres concédées en détruisant le couvert forestier pour implanter des cultures destinées à l'industrie agro-alimentaire, la production d'agro carburants, ou à d'autres transformations industrielles (hévéa) (Ibid).

4.3. La problématique de l'insécurité foncière et ses conséquences

Quel que soit le contexte écologique et social, la terre est l'objet d'un faisceau de droits multiples pouvant être détenus par des ayants droit variés, individuels ou collectifs, qui renvoient à différentes autorités. Un détenteur de droits sur une terre, reconnu comme légitime dans une sphère sociale donnée, est en situation d'insécurité foncière dès lors qu'il n'est pas certain de pouvoir exercer ces droits tout au long de la durée prévue : ces droits peuvent être remis en cause, car aucune autorité ne les garantit. L'insécurité foncière peut exister dans des contextes institutionnels de droits informels, mais aussi dans des contextes où les droits sont formalisés et légalisés (Colin et al., 2010).

Dans les situations de « dépossession foncière », des usagers d'une terre perdent, sous la pression de circonstances très contraignantes et donc contre leur plein gré, tout ou partie de leurs droits sur cette terre. Dépossession pour l'un ou les uns signifie appropriation par un autre ou d'autres, sans pour autant nécessairement aboutir à l'exercice d'un droit de propriété exclusif et aliénable.

Dans de nombreuses régions du monde contemporain, il n'y a pas de sécurité de la tenure foncière (à l'instar du Cameroun) et les dépossessions sont très répandues (White et al., 2012 ; Li, 2010). D'après le Haut-Commissariat aux droits de l'homme, « chaque année, 15 millions de personnes sont contraintes de quitter leur habitation et leurs terres en raison de l'implantation de grands projets de développement ou d'activités commerciales » (Monsalve Suárez, 2015).

Cette situation peut paraître paradoxale dans la mesure où l'importance du foncier, notamment la sécurisation des droits fonciers des pauvres, semble faire l'objet d'un consensus politique à l'échelle internationale. Ainsi, les Objectifs du développement durable (ODD) mentionnent à trois reprises l'accès à la terre comme une nécessité « pour tous les hommes et les femmes, en particulier les pauvres et les personnes vulnérables » (cible 1.4). Ils parlent même d'assurer « l'égalité d'accès aux terres » (cible 2.3) (ONU, 2015).

À ce propos plus de 120 pays ont adopté les Directives volontaires pour une gouvernance responsable des régimes fonciers (Comité de la sécurité alimentaire mondiale/FAO, 2012), fondées sur les droits humains. En septembre 2018, le Conseil des droits de l'homme a adopté une résolution en faveur du Projet de déclaration des Nations unies sur les droits des paysans et autres personnes travaillant dans les zones rurales. Dans son article 17, cette déclaration stipule notamment que :

> « Les États prendront des mesures appropriées pour veiller à la reconnaissance juridique des droits fonciers, y compris les droits fonciers coutumiers actuellement dépourvus de protection légale [...]. Les États protégeront les formes d'occupation légitimes et veilleront à ce que les paysans et les autres personnes travaillant dans les zones rurales ne fassent pas l'objet d'expulsions arbitraires ou illégales et à ce que leurs droits ne soient pas éteints ni bafoués de quelque autre manière. » (ONU, 2018).

Conclusion

Les populations autochtones victimes d'éviction dans le cadre de la construction du barrage réservoir de Lom-Pangar sont victimes de l'inefficacité de la législation foncière postcoloniale en vigueur au Cameroun nonobstant les nombreuses réformes foncière jusqu'ici engagées par l'État. Les Camerounais vivant en milieu rural sont incontestablement dans une situation extrêmement précaire en termes de régime foncier.

En effet les lois ou pratiques en vigueur au Cameroun ne simplifient pas la tâche des propriétaires fonciers coutumiers qui souhaitent enregistrer leur propriété et protéger leur bien. Le processus d'enregistrement est obscur, complexe et coûteux. En outre, il transforme les terres coutumières en parcelles individuelles sans condition sociale. Deux raisons sous-tendent la logique étatique. La première est liée au fait que la définition juridique du terme « fins publiques » est très vaste. La deuxième s'explique par le fait que le droit camerounais ne reconnaît pas la propriété foncière coutumière comme équivalente aux droits réels de propriété immobilière, avec les obligations légales que cela comporterait, comme, par exemple, celle de verser aux propriétaires coutumiers la valeur marchande des terres que le gouvernement s'approprie (Alden Wily, 2011).

Chapitre V

La situation des populations rurales expropriées dans le cadre de la construction de l'autoroute Yaoundé-Douala

Introduction

Les orientations stratégiques à moyen et long termes du gouvernement camerounais visent à faire passer la fraction du réseau routier bitumé de 10 à 17 % à l'horizon 2020. Ces orientations passent par les axes suivants : l'amélioration de l'offre en infrastructures routières, en mettant d'abord l'accent sur la réhabilitation et l'entretien du réseau existant, puis sur son extension et son aménagement (aussi bien en ce qui concerne le réseau bitumé que celui de desserte) ; la mise en place des mesures d'accompagnement nécessaires au développement des performances sectorielles, qui passe par : l'optimisation de l'organisation et des performances du secteur industriel de la construction ; le développement des capacités et de la compétitivité des opérateurs privés du BTP ; l'amélioration de la gouvernance dans le secteur du BTP ; le développement et l'amélioration de la gestion des ressources humaines dans le secteur (DSCE).

C'est dans le cadre de ce vaste projet de bitumage et de réhabilitation du réseau routier national que s'inscrit la construction de l'autoroute Yaoundé-Douala. Le projet de construction de l'autoroute Yaoundé-Douala encore en chantier vise à mettre sur pied un réseau routier moderne d'environ 215 km reliant les deux principales villes du Cameroun, à l'effet de faciliter le transport des biens et personnes.

Malgré cette initiative étatique ô combien salutaire du point de vue économique, il faut néanmoins regretter tous les mouvements d'humeur qui accompagnent et freinent de temps à autre les travaux de réalisation de cette autoroute. Et pour cause, le nom paiement ou le paiement tardif des indemnisations dues aux populations riveraines ayant été expropriées.

Ces populations ont bien compris que ce n'est qu'en bloquant le chantier qu'elles peuvent se faire entendre. Le cas de la localité de Lobo qui avait défrayé la chronique en dit long sur cette question.

5.1. La situation des populations des villages traversés par l'autoroute Yaoundé-Douala : la question des indemnisations

Le cas de la localité de Lobo

Située dans le département de la Lékié (région du centre) et traversée par le projet de construction de l'autoroute Yaoundé-Douala, la localité de Lobo, à l'instar de celles situées le long du tronçon (Nkongmessa, Tsek, Nkolmeyang…) a connu un vaste mouvement d'expropriation des populations riveraines pour cause d'utilité publique. Dans la foulée, s'est posé l'épineux problème de l'indemnisation. S'en était alors suivi un vaste mouvement de grogne initié par ces dernières.

L'élément déclencheur de cette contestation qui avait débouché sur le blocage du chantier c'est la liste des personnes à indemniser. Était querellé, le décret n° 2015/1318/PM du 15 juin 2015 portant indemnisation des personnes victimes d'expropriation et/ou de destruction des biens entre PK 10 et PK20.

Le grief fait à ce texte du Premier ministre est qu'il ne recensait que 372 personnes à indemniser à hauteur de 300 millions de FCFA environ, en décalage total de plus de 800 sinistrés recensés pour des dommages évalués à plus de 1,3 milliard de FCFA par une commission constituée de fonctionnaires, d'autorités politiques et administratives locales, qui avait procédé à un semblant de recensement des personnes à indemniser ainsi que de leurs biens.

L'indignation de ces populations était consécutive au fait que certaines personnes et/ou ayants droit que nul ne connaît dans la localité se sont retrouvés sur la liste et ont reçu des sommes considérables. Ces récriminations avaient fini par décider les autorités gouvernementales camerounaises à mettre sur pied une autre commission et, par extension, à procéder à un nouveau recensement

C'est ainsi que pendant plusieurs mois, la commission d'évaluation des biens avait à nouveau parcouru les quatre villages (Lobo, Nkongmessa, Tsek, Nkolmeyang) concernés par les revendications qui ont eu lieu entre juin 2015 et janvier 2016, aux fins d'identifier et d'évaluer les biens mis en cause. Au même moment, le Maître d'ouvrage et les autorités administratives, traditionnelles de la Lékié ont tenu plusieurs réunions à l'effet de lever les barricades installées par les populations de PK10 à PK20 et qui avaient pour but d'empêcher l'évolution du chantier.

Ces faits qui ont en effet entrainé des conséquences majeures sur l'avancée de ce projet de grande envergure : arrêt prolongé des travaux sur le terrain, perturbation du calendrier d'exécution des travaux, démobilisation de l'entreprise adjudicataire et surtout, des pertes en termes de ressources financières et de consommation des délais.

Bien plus, cette opération de paiement des indemnisations constituait un signe fort de la mise en œuvre des recommandations du Premier ministre, Philémon Yang, lors du Conseil de cabinet du 23 décembre 2015, où il recommandait à son équipe, l'effectivité des indemnisations, la libération des emprises, ainsi qu'une communication visant à mettre l'accent sur l'impact positif desdits projets sur les conditions de vie futures des Camerounais. (Hannah, 2016).

Après la signature des décrets d'indemnisation du PK10 au PK20 (décret complémentaire) et du PK20 au PK40 par le Premier ministre, Chef du gouvernement au mois de janvier 2016, le préfet du département de la Lékié, Patrick Simou Kamsu, avait supervisé les opérations de paiement des indemnisations à plus de 800 personnes touchées par le projet entre le PK10 au PK20, du 15 au 16 mars 2016.

Les opérations avaient pour cadre la sous-préfecture de Lobo où des centaines de riverains attendaient d'être appelés pour recevoir leur chèque dont les montants oscillaient entre 114 000 et plus de 150 Millions de F CFA, contrairement à la liste des 372 noms du premier décret dont le plus petit montant était de 4800 F (Hannah, 2016).

Loin était donc désormais ce temps où ces populations avaient érigé des barricades et élu domicile sur le chantier n'hésitant pas à y passer la nuit à la belle étoile. Pour rappel, les grévistes avaient posé deux barrages sur le chantier.

On se souvient encore qu'un regroupement des riverains à Nkolmeyang, au Pk 10+800 du projet où 17 sous-familles, dont aucun nom ne figurait sur le décret du Premier ministre, empêchaient tout engin de l'entreprise d'effectuer quelques travaux que ce soit, de même qu'au PK 15, des riverains s'étaient installés sur un tronc d'arbre disposé au milieu de l'allée pour la même cause. Des agissements pour lesquels le gouvernement, par la voie du ministre des Travaux publics, Maître d'ouvrage du projet, n'a eu de cesse de répéter que, « l'État est respectueux de ses engagements vis-à-vis des victimes d'expropriations » (Ibid).

5.2. Les insuffisances de la loi foncière camerounaise en matière d'expropriation et d'indemnisation dans le cadre des projets dits d'utilité publique

En matière d'expropriation la loi foncière camerounaise n'est pas mise en application de manière homogène. Souvent, elle est appliquée d'une manière relativement restrictive et surtout tardive, voire pas appliquée du tout dans certains cas.

Soucieux du rôle de l'État dans le développement économique du pays, le législateur camerounais, tout en admettant le principe de l'indemnisation préalable, n'a pas exclu la possibilité d'occuper les lieux avant le paiement effectif de l'indemnité. Cette indemnité est cependant fixée sur la base d'une évaluation unilatérale, faite par l'Administration.

Cette évaluation est non seulement unilatérale, mais également restrictive. Les indemnités qui en sont issues sont payées presque toujours après expropriation. Elles sont également insuffisantes, dans la mesure où elles ne permettent pas aux victimes de se rétablir dans des conditions équivalentes à celles d'avant leur éviction. Ce qui explique les nombreuses contestations (Tientcheu Njiako, 2012). Face à cette situation, il importe de s'interroger sur les textes régissant cette matière.

Les limites de la loi foncière camerounaise en matière d'expropriation et d'indemnisation

Une évaluation restrictive et unilatérale du préjudice

La procédure d'indemnisation est menée par la commission de constat et d'évaluation, dans la phase des enquêtes. Organe chargé de l'évaluation du préjudice subi par les victimes, la commission de constat et d'évaluation est une structure essentiellement administrative. Travaillant sur la base des critères d'évaluation restrictifs, elle procède à une évaluation unilatérale du préjudice (Tientcheu Njiako, 2012).

La commission de constat et d'évaluation doit concilier des intérêts conflictuels : ménager les intérêts de l'État et assurer aux expropriés les garanties d'une juste indemnisation. Cependant, il faut le relever pour finalement le regretter, le procédé d'évaluation auquel cette commission est soumise n'est pas contradictoire.

En effet les résultats des travaux de la commission ne sont pas communiqués aux expropriés pour d'éventuelles observations. Ils sont transmis directement au ministre en charge des domaines pour la préparation des décrets d'expropriation et d'indemnisation.

En outre, ce caractère non contradictoire de l'évaluation est à l'origine de nombreuses contestations. Ces réclamations portent essentiellement sur la valeur attribuée aux biens à détruire, sur l'auteur des mises en valeur et sur les omissions (Ibid).

Bien qu'étant invités à participer aux travaux de la commission, les propriétaires ne jouent qu'un rôle passif. Pour parvenir à une évaluation aussi objective que possible, il faut, comme le suggère André Tientcheu Njiako (2012), institutionnaliser la contradiction.

Pour y parvenir, le juriste préconise une généralisation du principe des négociations préalable. Institué jusque-là comme une condition préalable aux expropriations engagées à la demande d'autres personnes morales de droit public, le principe des négociations préalables devrait être étendu à toutes les procédures d'expropriation ; car il présente l'avantage de faire participer la victime à l'évaluation du préjudice.

Le déroulement de ces négociations devrait cependant être revu. En effet, après une première descente de la commission sur les terrains à exproprier, celle-ci devrait estimer le montant de l'indemnité à proposer aux expropriés. En cas d'acceptation, il devrait être versé entre les mains des propriétaires et ayants droit préalablement recensés par la commission.

En cas de refus, les expropriés devraient être invités à faire des contre-propositions qui, si elles sont jugées acceptables par les autorités administratives, permettraient de libérer immédiatement les montants réclamés. Mais si les demandes paraissent trop élevées, une commission mixte, constituée d'accord partie, pourrait rechercher un compromis, un consensus (Ibid).

Toutes les personnes intéressées à des degrés divers au processus d'expropriation en cours devraient être invitées aux travaux de la commission de constat et d'évaluation ; si ce n'est pour participer aux travaux, du moins pour y déposer éventuellement leurs avis ; et c'est au cours de cette séance de la commission qu'on devrait évaluer non seulement les mises en valeur, mais aussi la nue-propriété.

L'indemnisation à postériori

L'article 4 alinéas 2 et 3 de la loi n° 85/009 dispose qu'« en principe, l'expropriation ouvre droit à une indemnisation préalable. Toutefois, dans certains cas, le bénéficiaire de l'expropriation peut, avant paiement effectif de l'indemnité, occuper les lieux dès la publication du décret d'expropriation ».

Comme le fait observer avec efficacité André Tientcheu Njiako (2012), le principe de l'indemnité ainsi affirmé trouve sa portée limitée par l'existence des cas pour lesquels l'envoi en possession n'est pas subordonné au paiement de l'indemnité. Pour ce juriste, cette exception fondée sur l'urgence tend à devenir la règle, l'indemnisation intervenant la plupart du temps à postériori.

Conçue au départ comme moyen devant permettre à l'État d'entreprendre les travaux d'utilité publique urgente, l'indemnisation à postériori est devenue la règle. Ce principe est indubitablement à l'origine des retards dans le paiement des indemnités. Pour rompre avec ces retard l'indemnisation à priori s'avère nécessaire.

En effet, en vue de permettre aux expropriés de retrouver le plus vite que possible le même cadre de vie que celui duquel ils ont été évincés, le législateur devrait faire de l'indemnisation effective une condition préalable et impérative à l'expropriation. Ainsi, la prise en possession d'un immeuble exproprié ne devrait être autorisée qu'après paiement effectif de l'indemnité à son propriétaire. De même, la mutation du titre de propriété au nom du bénéficiaire de l'expropriation ne devrait être opérée qu'à la suite du règlement de l'indemnité (Ibid).

Une indemnisation insuffisante

À cause de la rigidité des bases d'évaluation, les indemnités versées s'avèrent insuffisantes eu égard à l'ampleur des expropriations engagées par l'État. L'évaluation des constructions est effectuée par la commission de constat et d'évaluation, sur la base des dispositions de l'arrêté n° 00832/Yo15.1/MINUH/D000 du 20 novembre 1987 fixant les bases de calcul de la valeur vénale des constructions frappées d'expropriation pour cause d'utilité publique.

La valeur des terrains nus est arrêtée par le législateur lui-même. L'évaluation des cultures est faite sur la base de l'arrêté n° 58/MINAGRI/ du 13 août 1981 portant modification des tarifs des indemnités à verser au propriétaire pour toute destruction d'arbres cultivés et cultures vivrières, modifié et complété par l'arrêté n° 13/MINAGRI/DAG du 19 février 1982. Qu'il s'agisse de l'indemnisation au titre de la destruction des mises en valeur ou de celle afférente à la nue-propriété, elle se limite au remboursement de la valeur du bien apprécié au moment de son acquisition (Ibid).

L'indemnité allouée est insuffisante, dans la mesure où elle ne permet pas du tout à l'exproprié de se replacer dans le même et semble état d'avant son éviction. En effet, la valeur des cultures, constructions et autres terrains nus subit des variations, des fluctuations sous l'influence des facteurs divers, naturels, techniques et économiques (Ibid).

Conclusion

La législation foncière camerounaise recèle de nombreuses contradiction et limites qu'il est expédient de juguler. Les incessants mouvements de contestations assez visibles dans le cadre de la réalisation des projets dits d'utilité publique en disent long sur l'état de frustration général des populations relativement au foncier. Le monopole décisionnel conféré à la commission de constat et d'évaluation dans le cadre des expropriations pour cause d'utilité publique montre clairement les incongruités du code foncier camerounais.

Certes, le décret n° 87/1872 du 16 décembre 1987 a prévu la participation des victimes aux différentes phases d'enquête. Mais il ne fait pas de la présence des propriétaires des biens, objets de l'expropriation, une condition pour la tenue des travaux de la commission de constat et d'évaluation. Aussi, la commission peut-elle valablement siéger, même en leur absence, au regard des dispositions législatives et réglementaires actuelles. En outre, ce décret dispose que les décisions sont prises à la majorité simple des membres présents. N'étant pas membres, les propriétaires ne peuvent pas influer sur l'action de la commission (Tientcheu Njiako, 2012).

Chapitre VI

Quelques pistes d'évolution pour une amélioration significative du statut de la propriété foncière coutumière au Cameroun

Introduction

De multiples enjeux motivent la mise en place des politiques liées au foncier, notamment : les enjeux économiques, sociaux, politiques, etc. Certains peuvent apparaître contradictoires par exemple entre productivité, équité et durabilité. Il faut pourtant réussir à construire des politiques qui intègreront complémentairement les différents enjeux, auxquels s'ajoutent des enjeux émergents qui sont rarement explicités dans les débats sur le foncier, notamment au Cameroun, surtout lorsqu'il s'agit de prendre des décisions relatives aux réformes foncières.

Or, débattre des enjeux et s'entendre sur leur diversité est indispensable pour deux raisons : 1) D'une part, cela aide à mieux comprendre la complexité de la question foncière dans un contexte donné, en particulier les différents intérêts en présence et leur logique ; 2) D'autre part, cela est indispensable pour pouvoir choisir des outils et mesures qui correspondent mieux aux enjeux prioritaires partagés (Basserie et D'Aquino, 2011), car le domaine foncier est une source de revenus et même la principale source de revenus dans plusieurs pays d'Afrique subsaharienne, notamment au

Cameroun, d'où les luttes entre les populations et les pouvoirs publics, la corruption dans la distribution des terres, l'appropriation des terres pour des raisons économiques qui ne tiennent pas souvent compte de l'avis des occupants des terres rurales.

La question foncière n'est pas seulement un problème économique, mais davantage un aspect de la vie des populations locales auquel elles tiennent. Ainsi, même s'il est incontestable que les multiples changements prônés par les États subsahariens et notamment le Cameroun sont en majorité influencés ou dictés par les Institutions Financière Internationales (IFI) qui imposent la propriété ou l'immatriculation des terres comme seul système de protection des droits fonciers, les autorités gouvernementales camerounaises en charge des politiques publiques en matière foncière ne doivent pas perdre de vue qu'il en va d'abord du développement, de l'avenir et de la cohésion sociale du pays.

Pour ce faire, elles pourraient par exemple fonder leurs décisions sur des propositions issues des travaux menés par plusieurs cercles de réflexion à l'instar de l'Initiative des Droits et Ressources *ou Rights and Ressources Initiative (RRI),* très présente sur le terrain et très au fait des difficultés que connaissent les communautés coutumières.

6.1. Quelques préconisations pertinentes de *la Rights and Resouces Initiative* (RRI)

L'initiative des Droits et Ressources, en anglais Rights and Resources Initiative (RRI) est une coalition internationale d'organisations non gouvernementales et d'institutions de recherche réparties sur cinq continents, ayant son secrétariat à Washington DC aux États- Unis. Sa principale mission est d'appuyer les communautés locales et autochtones dans leur lutte contre la pauvreté et la marginalisation, en encourageant au niveau mondial une plus forte mobilisation et des actions en faveur de réformes des politiques, du marché et des lois qui garantissent les droits desdites communautés à devenir propriétaires, à contrôler et à tirer des bénéfices des ressources naturelles, en particulier de la terre et des forêts (Rights and Resources, 2015).

Comme on peut le remarquer la Coalition RRI axe sa contribution autour de la question du foncier rural, sur laquelle elle souhaiterait qu'un accent particulier soit mis. C'est tout le sens de cet ouvrage.

Le Cameroun est l'un des pays d'Afrique où la Coalition RRI déploie ses activités, notamment par le truchement des institutions suivantes : le CIFOR, l'UICN, l'ICRAF, FPP, le CED, REFACOF, Cameroun Ecologie, GDA, l'association Okani, la CAFT, le CNCTC et le REPAR-Cameroun.

À titre illustratif dans le cadre de la réforme foncière en cours, ces institutions ont à ce jour développé des projets portant sur des thématiques aussi diverses que variées : dialogue parlement gouvernement sur la problématique de la réforme foncière ; semaine du foncier rural ; semaine de la tenure ; formulation et soumission au MINDCAF d'une proposition des chefs traditionnels pour la réforme du foncier rural, d'éléments de proposition des femmes pour la réforme foncière et d'une note de position des peuples autochtones des forêts sur la tenure foncière (Rights and Resources, 2015).

Tous ces projets entendaient promouvoir une meilleure prise en compte des droits et intérêts des différentes parties prenantes à la gestion foncière et des acteurs les plus vulnérables en particulier, notamment les communautés locales et autochtones et les femmes, dans les textes qui sortiront de la réforme. Plus spécifiquement, il s'agissait pour eux de promouvoir :

- l'amélioration de la cohérence de ce droit avec les instruments juridiques internationaux et régionaux pertinents auxquels le Cameroun a adhéré ;

- un meilleur ancrage du droit écrit relatif à la gestion des terres dans les réalités socioculturelles et économiques du Cameroun, une optimisation de l'intégration dans ce droit, des droits fonciers issus des coutumes et pratiques locales et des visions locales de la gestion des terres ;
- la préservation des droits fonciers collectifs des communautés rurales autochtones et locales, dans un contexte marqué par une augmentation de la demande de terres et de ressources pour les investissements en zone rurale ;

Ce document consolide les résultats obtenus par ces projets et représente la position de la coalition RRI du Cameroun en rapport avec l'orientation et le contenu à donner à la réforme foncière. Il s'agirait notamment, en considérant comme acquise la personnalité juridique du village, qui est la condition pour que celui-ci ait un patrimoine, y compris en matière foncière, de :

- consacrer la propriété collective de chaque village du Cameroun sur des espaces et des ressources sur lesquels il exerce des droits coutumiers ;
- reconnaitre dans les limites de la propriété collective de chaque village la validité des normes coutumières et pratiques locales et la place des institutions locales de gestion foncière ;
- prendre des dispositions particulières pour reconnaitre et sécuriser les droits fonciers de celles des composantes des populations rurales qui font souvent l'objet de discriminations, à savoir les femmes et les populations autochtones.

Ses différentes articulations se présentent ainsi qu'il suit :

Mettre un accent particulier sur le foncier rural et le soumettre à des règles spécifiques

Selon la coalition la RRI, et nous sommes de cet avis, la législation et la réglementation foncières en vigueur au Cameroun n'opèrent pas de distinction selon que les terres régies soient urbaines ou rurales. Toutes ces terres sont soumises à un régime unique :

- défini dans un contexte où les espaces et les ressources des zones rurales ne faisaient pas l'objet d'autant de convoitises et de sollicitations qu'on connait depuis la fin des années 2000 (exploitation forestière, concessions minières, plantations agroindustrielles, grands projets d'infrastructures…) ;
- qui, en promouvant l'appropriation foncière privée certifiée par un titre foncier, érigée en mode unique de sécurisation foncière, ne tient pas compte des spécificités des terres rurales, dont certaines sont partagées entre plusieurs utilisateurs (éleveurs, agriculteurs, chasseurs, cueilleurs...), personne ne contestant le droit de l'autre à y mener ses activités

D'où la nécessité, pour la future législation foncière de distinguer clairement le foncier urbain du foncier rural et d'accorder une attention particulière à ce dernier, qui ferait l'objet de règles spécifiques (Rights and Resources, 2015).

Consacrer la propriété collective de plein droit de chaque village du Cameroun sur des espaces et des ressources sur lesquels il exerce des droits coutumiers

La coalition RRI fait observer, et à juste titre, qu'en promouvant l'appropriation foncière individuelle par l'immatriculation des terrains et l'attribution de titres fonciers au détriment de la propriété collective (qui est une spécificité des modes coutumiers de gestion des terres) et en mettant toutes les terres non immatriculées sous la propriété ou la garde de l'État, le régime foncier issu de la réforme de 1974 a marginalisé les modes d'utilisation et d'appropriation de l'espace issus des coutumes et pratiques locales, auxquels les populations rurales restent attachées (Ibid).

En témoigne le peu d'engouement de ces populations pour la sécurisation des espaces par le titre foncier (au moins 95 % des terrains du territoire national ne sont pas immatriculés) qui, par ailleurs, reste difficilement accessible à la plupart des citoyens malgré les efforts consentis par les pouvoirs publics en termes de simplification de la procédure et d'allègement des coûts.

La conséquence en est la possibilité ouverte d'une part aux élites locales d'utiliser la pratique de l'abandon des droits coutumiers pour faire immatriculer à leur profit de vastes portions de terres rurales et d'autre part à l'État d'utiliser lui-même ou de concéder à des investisseurs, la quasi-totalité des terres rurales sans avoir besoin de recourir à la procédure d'expropriation pour cause d'utilité publique.

Au regard de ce qui précède, il conviendrait, comme le suggère la coalition RRI, que les textes qui sortiront de la réforme foncière en gestation au MINDCAF se soucient de la préservation des droits fonciers collectifs des communautés rurales locales et autochtones, socle de toute politique efficace de développement de l'agriculture familiale et de toute stratégie à long terme de prévention de l'insécurité des investissements réalisés sur les terres concédées par l'État et de lutte contre l'insécurité alimentaire et l'exode rural. Cette préservation passerait par :

- la considération suivant laquelle chaque village est doté de la personnalité juridique, qui lui confère le droit d'avoir un patrimoine (biens et dettes), y compris en matière foncière (Ibid).

Cette considération serait fondée sur une jurisprudence à ce jour constante, de la Chambre Administrative de la Cour Suprême du Cameroun qui reconnait aux collectivités traditionnelles organisées en chefferies sur une base territoriale (notamment les villages), la capacité d'ester en justice pour défendre leurs intérêts lorsque ceux-ci sont lésés.

En effet, comme le soutient la coalalition RRI, pour jouir de cette capacité, il faut être doté de la personnalité juridique, entendue comme aptitude à être titulaire de droits et à les exercer :

- la reconfiguration du statut légal actuel des terres rurales et la création du domaine foncier des communautés locales et des populations autochtones qui représenterait l'espace vital de celles-ci et pourraient en fonction des affectations préalables des terres concernées et des négociations de chaque village avec l'État, emprunter à tous les autres espaces ruraux que ceux qui sont immatriculés au profit de particuliers (personnes physiques ou morales) ;
- la prescription aux administrations en charge de l'Aménagement du Territoire, des Affaires foncières et de l'Administration du Territoire, de la coordination d'un processus de délimitation (limites internes et limites avec les villages voisins) et de la cartographie concertées et participatives de l'espace vital ou domaine foncier de chaque village. Ce processus serait conduit de manière à sécuriser, dans le respect des principes de l'équité, les besoins actuels et futurs aussi bien des populations locales et autochtones que de l'État. Il s'agirait d'un partage de l'espace foncier rural entre les populations locales et autochtones et l'État. Dans le schéma proposé, tous les espaces fonciers ruraux au-delà de la zone "d'emprise" du village feront de plein droit partie du domaine privé de l'État, du domaine national ou du domaine public.

- la reconnaissance de plein droit (sans exigence d'une quelconque formalité préalable) à chaque village d'un droit de propriété collective sur le domaine foncier délimité à son profit ;
- la proscription de la vente et de l'échange contre d'autres biens de la propriété foncière collective de chaque village, dans le but de protéger les communautés pour le présent et pour l'avenir. Les seules transactions sur ces terres seraient des locations concédées par les communautés propriétaires, sous la supervision de l'Administration, notamment en ce qui concerne les superficies et les montants (Ibid).

Reconnaitre dans les limites de la propriété collective de chaque village la validité des pratiques et normes coutumières locales et la place des institutions locales

comme l'explique la coalition RRI, malgré l'écart que le droit foncier écrit a entendu créer avec les normes coutumières et pratiques locales en matière d'utilisation, d'appropriation et de gestion du foncier, il se trouve que dans la pratique, celles-ci continuent à régir l'essentiel des terres rurales. On assiste ainsi à la superposition des prétentions de l'État et des populations locales et autochtones sur les mêmes espaces, qui expose les opérateurs économiques auxquels l'État concède lesdits espaces à des menaces pour la sécurité de leurs investissements (Ibid).

La réforme en cours, et nous sommes de cet avis, serait une occasion pour l'État de procéder à une réconciliation du droit écrit avec le droit coutumier, à une confirmation légale de la pratique susvisée, spécialement en ce qui concerne les espaces fonciers sur lesquels chaque village se verra reconnaitre un droit de propriété collective. Concrètement, il s'agirait pour la future loi foncière de reconnaitre sur ces espaces :

- La validité des pratiques et normes coutumières locales qui :

s'appliqueraient dans les rapports entre les habitants du village (individus, familles, clans...), sous réserve de leur conformité aux dispositions du droit écrit national et des instruments juridiques internationaux et régionaux auxquels le Cameroun a adhéré en matière de gestion des ressources naturelles et de protection des droits humains ;

- serait assortie de la définition d'une superficie maximale de terres coutumières pouvant faire l'objet d'une immatriculation au profit d'un individu. On pourrait à cet égard s'inspirer de la réglementation en vigueur en République du Congo, où le décret n° 2006-255 du 28 juin 2006 portant institution, attributions, composition et fonctionnement d'un organe ad hoc de reconnaissance des droits fonciers coutumiers plafonne à cent (100) hectares la superficie de terres coutumières qu'un individu peut faire immatriculer à son profit (art.4).

Selon la Coalition RRI, cette innovation présenterait plusieurs avantages. D'abord elle permettrait d'améliorer l'ancrage local de la législation foncière et de garder les communautés dans le registre juridique qu'elles connaissent le mieux (le registre coutumier). Ensuite, elle constituerait une confirmation légale de la primauté du droit écrit sur les pratiques et coutumes locales discriminatoires à l'égard des femmes, des populations autochtones et des autres groupes sociaux vulnérables. Enfin, l'innovation permettrait d'éviter que les plus nantis ne profitent de leur maîtrise des procédures et de leurs moyens financiers pour obtenir l'immatriculation des terres coutumières du village à leur seul bénéfice (Rights and Resources, 2015).

6.2. Véritablement sortir du pluralisme des normes pour régler la question des conflits fonciers au Cameroun

Les multiples conflits fonciers qui prévalent au Cameroun résultent du pluralisme des normes et de la multiplicité des instances intervenant dans la régulation foncière dans ce pays. La réponse à apporter à cette situation critique ne saurait s'inscrire dans une logique de normalisation et/ou de standardisation qui, d'une part, ne saurait répondre à la grande diversité des configurations foncières et sociopolitiques locales, et, d'autre part, aurait toutes les chances, de ce fait même, d'ajouter à la complexité en ajoutant de nouvelles normes et de nouvelles instances.

Un principe de subsidiarité, autour d'axes politiques clairs, semble s'imposer. Il s'agit ici d'adopter une logique de régulation locale, sous sa dimension de ''l'élaboration de règles, c'est-à-dire d'ajustements sociaux et de compromis qui les rendent acceptables'' (Gaudin, 2004).

L'enjeu d'une intervention publique dans la gouvernance locale est de favoriser la coordination des instances et la prévisibilité du jeu foncier, dans le respect de principes d'équité. En clair, Il s'agit de favoriser la formulation de règles (suffisamment) partagées donnant une plus grande légitimité et effectivité aux décisions prises ; de préciser les grandes responsabilités dans la gestion foncière et de mieux les hiérarchiser ; de favoriser les négociations et compromis entre acteurs ; de stabiliser les arrangements et accords dans des normes locales légales et dans des contrats (Chauveau et al., 2006).

Sans une gestion foncière inclusive, sans transparence, sans responsabilisation ni débat ouvert, la prise de décision sur les questions foncières continuera à être influencée par les intérêts particuliers, aux dépens des utilisateurs des terres en milieu rural.

Rappelons avec insistance que la gouvernance foncière est un élément central des politiques de développement, de réduction de la pauvreté et des inégalités sociales. Une gestion foncière inclusive contribue de ce fait à la confiance, à la stabilité sociale et à la croissance économique d'un pays.

Bon nombre de conflits sociaux ont une dimension, sinon une origine foncière. Les inégalités foncières contribuent à exclure de l'accès à la terre une part importante de la population maintenue dans l'insécurité (cf.Livre blanc des acteurs français de la coopération, op.cit).

Dans la plupart des pays d'Afrique subsaharienne et précisément au Cameroun, les législations nationales se superposent à une diversité de normes et de modes de régulation foncière qu'elles n'ont que partiellement transformées. Le divorce entre légalité, légitimité et pratiques maintient une large part de la population dans une situation d'extralégalité à l'origine de fréquents conflits fonciers.

L'enjeu pour les décideurs publics est pourtant de réussir fondamentalement à mettre l'homme au centre des préoccupations. Il faut pour ce faire, chercher une amélioration palpable des conditions de vie des populations.

La gestion concertée du bien commun est un point de convergence du pluralisme sociopolitique. Bruno Kaimwa Maneno (2016) soutient avec efficacité, qu'elle favorise et privilégie les intérêts de tous. Pour l'auteur, la démocratie concertée concerne d'abord le pouvoir public qui doit prendre en compte le point de vue des différentes structures, institutions publiques et privées au sein du territoire. Il privilégie la concertation au niveau sectoriel, la recherche des solutions aux problèmes sociaux sur la base des concertations entre la vie traditionnelle et la vie moderne de l'État.

Selon l'auteur, il s'agit précisément de bien penser : les relations entre médecine traditionnelle et médecine moderne, droit traditionnel et droit moderne, religions traditionnelles et religions modernes. Poursuivant son propos, l'auteur pense que la démocratie concertée marche toujours de pair avec les innovations, les réformes, la créativité. Sur la base du débat social engagé ou alors sur la base du contexte sociopolitique que connaît la société concernée, les innovations, les réformes et la créativité peuvent être engagées pour contribuer à l'amélioration des conditions de vie de la population, à réaliser la liberté et l'égalité souhaitées au sein de la république.

Selon Bruno Kaimwa Maneno, ce mode de gestion est une alternative crédible pour aider les sociétés africaines (et celle camerounaise en particulier) à se réconcilier avec leur passé et à mieux intégrer au même moment les éléments d'organisation et de gestion sociopolitique moderne. C'est à la fois, soutient-il, une alternative inclusive et pragmatique. L'organisation et la gestion concertées du pouvoir précise-t-il, doivent poursuivre les objectifs suivants : la planification et l'exécution concertées des projets de développement ; la concertation autour des grandes questions de la société ; la concertation sur l'avenir sociopolitique de la vie de l'État : projection et prospection.

Nous suggérons une démarche participative multi niveaux dont l'objectif sera de favoriser une intégration par chacun des acteurs des enjeux portés par les autres, pour parvenir ensemble à la définition de mécanismes opérationnels de sécurisation et de régulation foncière : les élus locaux, les représentants de la société civile, les chefs coutumiers, les experts, les services techniques et les administrations centrales et déconcentrées. Il s'agit en gros d'instaurer une plate-forme nationale de dialogue et de concertation sur les questions foncières. Cette démarche permettra ainsi de :

- prendre en compte les revendications foncières des collectivités traditionnelles ;
- associer les peuples autochtones dans le processus de création des réserves foncières. Ce qui permettrait à

ces derniers d'indiquer la situation géographique des terres auxquelles ils sont le plus attachées ou qui pourraient poser problème en cas d'occupation pour des projets déclarés d'utilité publique ou en cas d'installation d'agro-industries (Nguiffo et Schwart, op.cit).

- que soit reconnu le mode de vie des populations autochtones dans la loi et les régimes d'indemnisation pour cause d'utilité publique (Nguiffo et Schwartz, ibid). C'est le lieu de préciser une fois de plus que les autochtones ne sont pas indemnisés selon leur mode de mise en valeur des terres et selon ce qu'ils perdent. Très souvent ils sont exclus de leurs terres ancestrales sans compensation ni indemnisation.
- que les procédures d'immatriculation cessent d'être discriminatoires. En effet, depuis 1974, l'unique mode de reconnaissance de la propriété foncière au Cameroun est l'immatriculation. La loi foncière invite les collectivités coutumières qui occupent ou exploitent des terres en date de l'ordonnance de 1974 à obtenir des titres de propriété conformément à la loi, pour continuer de les occuper ou de les exploiter. Cette loi, ainsi que la législation y afférente, sont discriminatoires pour les peuples autochtones surtout quand on connaît toutes les conditions à remplir pour la reconnaissance de leurs droits coutumiers. Il faut donc simplifier la procédure d'obtention du titre foncier en réduisant le nombre d'intervenants et d'étapes. Précisons à cet effet que la procédure est longue et sinueuse à cause de la kyrielle d'intervenants dont les rôles ne sont pas indispensables. Il serait donc judicieux à ce niveau de confier le travail au seul service départemental des domaines. Cette procédure, indique Pettang (2000),

serait beaucoup plus simple si un dossier déposé au service départemental des domaines, pouvait aller directement à la direction des domaines et revenir pour la suite de la procédure en cas d'avis favorable ou pour redressement en cas d'avis défavorable.

- promouvoir un principe de subsidiarité fondé sur le partage des responsabilités entre les différents acteurs impliqués dans le foncier au sein des dispositifs locaux d'administration, et sur la reconnaissance des procédures locales d'arbitrage ;
- garantir la gratuité de la procédure d'immatriculation ;
- supprimer la condition d'antériorité de la mise en valeur des terres à la date du 05 août 1974 ;
- encadrer les collectivités coutumières dans la gestion courante des terres ;
- renforcer les capacités d'administration, de gestion et de régulation des autorités locales de gestion foncière ;
- mettre sur pied un programme de communication et d'information décentralisé. Autrement dit, informer le public pour « restaurer la confiance » (Kirat et Torre, 2008) ;
- reconnaître le mode de vie des populations autochtones dans les lois et régimes d'indemnisation pour cause d'utilité publique ;
- mettre sur pied un cadre institutionnel assis autour de structures techniques, administratives et juridiques (Nguiffo et Schwart, op.cit) ;
- s'approprier les aspects positifs du droit coutumier ;
- prendre en compte d'autres références, en plus du titre foncier, pour exprimer la reconnaissance accordée à l'exploitation de la terre. À ce propos, Denis Mogenes (Nyama, 2012) soutient à juste titre qu'« il ne suffit pas d'exciper d'un titre foncier

officiel pour être reconnu réellement propriétaire, du moins par l'opinion publique ! Et comme le droit moderne ne fait pas déjà nécessairement l'objet d'une reconnaissance par tous les acteurs, et que la paix sociale semble devoir être acquise au prix de biens des compromis, le « régime foncier » devient la plupart du temps un maquis de procédures indéfinies ».

- mettre sur pied un cadre juridique et réglementaire qui souffre de peu d'ambiguïtés et d'interprétation ; cela permettrait également la lutte efficace contre les cas de corruption ou de détournement de la propriété foncière, etc. (Nguiffo et Schwartz, op.cit).

Conclusion

Compte tenu des enjeux colossaux que recèle plus que jamais la ressource foncière, les décideurs publics camerounais gagneraient à élaborer une véritable politique foncière qui prendrait en compte les préconisations faites dans cet ouvrage, y compris celles faites par des cercles de réflexion à l'instar de la coalition RRI.

Une bonne gouvernance foncière est celle qui concilie des objectifs économiques et des objectifs sociaux. Concilier ces objectifs passe fondamentalement par des procédures de négociation entre acteurs. Cette démarche permettrait par exemple d'éviter les expropriations et accaparements en zones rurales, y compris les évictions de population sans alternatives.

Conclusion générale

Appréhender le développement ne relève pas uniquement d'approches économiques susceptibles de livrer la clé du progrès technique et du bien-être. La facette culturelle, voire traditionnelle est également déterminante. Sa prise en compte apparaît nécessaire, en tant que fondement de la cohésion sociale (Wackermann, 2005).

C'est dans cette perspective que la gouvernance foncière intégrative que promeut cet ouvrage à l'échelle globale de l'Afrique subsaharienne en général et à celle particulière du Cameroun s'avère nécessaire. Cette approche est un gage de stabilité sociale le foncier étant au cœur de nombreux conflits, notamment au Cameroun. Cette situation est la conséquence d'un système de gouvernance très centralisé, survivance d'une administration coloniale mal imprégnée des réalités indigènes auxquelles elle se préoccupait du reste très peu.

Les textes qui régissent l'accès à la propriété foncière au Cameroun sont peu vulgarisés et pas toujours connus des communautés auxquelles ils sont censés s'appliquer. Ces communautés sont volontairement maintenues dans l'ignorance par l'administration. Cette ignorance semble d'ailleurs faire partie d'une stratégie de domination entretenue par l'État en vue de pérenniser son monopole foncier à travers l'appropriation des terres communautaires, et en jouant habilement sur l'imbroglio qui prévaut dans ce domaine.

Il s'avère donc nécessaire à l'échelle du Cameroun, que l'on songe fondamentalement à une gouvernance foncière prenant en compte les diversités et la complexité sociales

(Papadopoulos, 1995), dans la perspective du développement. C'est-à-dire une gestion qui s'inscrit dans la quête permanente de meilleurs systèmes de gouvernance des hommes et des ressources et qui repose sur la conduite de processus décisionnels qui doivent résulter d'une négociation permanente entre les acteurs sociaux (Grégoire, Kane, Kacou, op.cit).

L'analyse contenue dans cet ouvrage s'inscrit dans une perspective préventive des échecs du point de vue des réformes foncières au Cameroun. Confrontés à un échec, les gouvernants se trouvent placés devant le dilemme suivant : ils doivent soit renoncer à toute velléité de réforme, au risque d'aggraver les dysfonctions auxquels le projet réformateur entendait remédier ; soit relancer le processus de réforme, mais dans un contexte rendu plus difficile par les échecs précédents. C'est donc dire que le coût de l'échec est élevé et qu'il devrait justifier à lui seul que toutes les précautions soient prises pour donner au processus de réforme les meilleurs chances d'aboutir.

Émargeant dans cette logique prudentielle, Stéphane Claude M'bafou (2013) soutient à juste titre que : « les contraintes nouvelles pesant sur l'action publique au Cameroun depuis la crise de la gouvernance contribuent à renforcer cette exigence : le bien-fondé de l'action publique ne se présume plus. Invités à la modestie, les gouvernants ne sauraient engager des réformes qu'après s'être entourés de toutes les garanties nécessaires.

L'idée de rationalisation s'applique en tout premier lieu aux processus de réforme. Renonçant à la prétention de vouloir « changer la société par décret, les pouvoirs publics sont tenus de faire preuve de prudence et de rigueur. Car le succès d'une réforme dépend surtout de sa pertinence, c'est-à-dire de son adéquation au problème posé. Théorisant sur la notion de réforme, M'bafou pose que :

> « La conception d'une réforme suppose dès lors une phase de préparation destinée à éliminer les sources possibles d'erreurs. Il s'agit d'identifier les dysfonctionnements administratifs, de cerner les facteurs qui en sont la cause et d'élaborer des solutions permettant de les résoudre. »

Poursuivant son argumentaire, l'auteur soutient avec efficacité que :

> « Toute réforme implique la production d'informations et la mobilisation de connaissance en vue d'établir un diagnostic approprié et de définir les orientations souhaitables. Le coût de la préparation d'une réforme est infinitésimal par rapport au coût de la réforme elle-même ; une raison majeure pour ne pas négliger les investissements en amont, afin d'éviter l'échec en aval [...] »

Concluant son propos, l'auteur pose que :

> « Le diagnostic est la base de départ de toute réforme qui se veut pérenne. Il permet de repérer les dysfonctionnements et d'identifier les ressources potentielles pour les traiter. Pour cela, il convient d'éviter une élaboration restreinte à un cercle plus ou moins fermé de proches conseillers. L'administration ou une de ses émanations peut être une solution pour l'élaboration du diagnostic, mais, on peut craindre qu'elle n'ait pas la distance nécessaire par rapport au champ de réforme, et qu'elle soit juge et partie. Surtout, on court le risque que les personnes choisies n'aient pas l'opiniâtreté d'indiquer à l'autorité politique les facteurs d'échec de la réforme envisagée. »

Vouloir mettre fin aux systèmes coutumiers ou les remplacer n'est ni nécessaire ni souhaitable. Car, ayant évolué sur une longue période, les systèmes coutumiers sont souvent bien adaptés aux conditions et aux besoins spécifiques locaux. Même lorsque ces systèmes atteignent leurs limites, il est dans bien des cas plus facile et plus approprié de partir de ce qui existe déjà plutôt que d'essayer de réinventer la roue, au risque de finir par aboutir à des institutions parallèles, avec tous les inconvénients que cela peut comporter (cf.Rapport d'étude de la Banque mondiale, 2005).

Par le passé les acteurs sur le terrain ont souvent considéré les systèmes coutumiers comme inférieurs du point de vue économique, et comme l'équivalent d'une agriculture collective. Afin de promouvoir la croissance économique et d'éviter des pertes d'efficacité statique et dynamique supposées aller de pair avec cette forme de gestion du territoire, ils ont proposé d'établir un système de titres de propriété foncière inaliénable et de subdiviser les terrains collectifs.

C'est surtout en Afrique que cela a permis de légitimer et de faire durer le dualisme entre les formes « modernes » de droits fonciers, à savoir les systèmes de bail et de propriété inaliénable, et les formes « arriérées », à savoir les systèmes coutumiers que la plupart des nouveaux États indépendants avaient hérité de leurs anciens maîtres, les colonisateurs.

Compte tenu de l'étendue limitée du secteur moderne, qui dans la plupart des pays d'Afrique représente au mieux entre 2 et 10 % de la superficie totale (Österberg, 2002), le fait de ne pas accorder de reconnaissance formelle aux systèmes coutumiers et autres institutions traditionnelles a effectivement entraîné l'exclusion d'une majorité des terrains et des populations qui les exploitaient de l'autorité de la loi, non sans des implications éventuellement très lourdes pour la gouvernance.

En Afrique (et au Cameroun en particulier) les institutions coutumières administrent pratiquement toute la superficie des terrains, y compris des zones périurbaines dans lesquelles la valeur des terrains est élevée, et la demande de transactions foncières et de droits de la propriété plus formels en croissance rapide. Non seulement ces institutions sont nettement plus présentes sur le terrain que les institutions gouvernementales, mais les habitants leur font aussi davantage confiance.

L'absence de reconnaissance légale de ces institutions coutumières, qui les exclut de *jure* du domaine de la loi, rend extrêmement difficile l'application des décisions, pour eux comme pour ceux qui risqueraient d'être désavantagés ou qui peuvent penser que ces autorités abusent de leur pouvoir pour passer outre.

Une reconnaissance formelle de leur rôle, en rendant ces institutions plus responsables, pourrait être profitable à tout le monde (cf. Rapport de la Banque mondiale) du point de vue de la réussite de la gouvernance foncière, et donc, des réformes foncières.

De façon globale, l'échec en matière de réformes en Afrique subsaharienne et au Cameroun en particulier s'explique par le fait que :

Les institutions sont très lointaines des populations qu'elles sont censées servir et ces dernières, surtout dans les campagnes, ne se sentent souvent pas assez armées ni suffisamment initiées, pour se permettre de commettre des avis sur la façon dont les gouvernants (souvent considérés comme les chefs ou rois incontestés et omniscients) conduisent les affaires publiques.

L'information sur la gestion des affaires publiques n'est pas réellement diffusée, et lorsqu'elle l'est, elle est d'une part très hermétique, jargon réservé aux experts, et elle n'est souvent que parcellaire ou alors l'objet de rumeurs persistantes qui ne font que davantage semer le doute sur la bonne gouvernance. Elle ne permet pas, en tout cas aux citoyens, d'être véritablement éclairés sur la conduite réelle des politiques et programmes par les personnes qu'ils ont élues à cet effet.

Malgré une prise de conscience montante et une attitude de plus en plus affichée de la part de la société civile (l'expression société civile fait référence à de nombreuses catégories d'associations non gouvernementales et à but non lucratif) de jouer son rôle, il reste encore beaucoup à faire pour sensibiliser l'ensemble des populations urbaines et rurales dans le rôle primordial qu'elles doivent jouer pour assurer la promotion de la bonne gouvernance, et l'influence positive qu'elles peuvent avoir dès lors qu'elles s'intéressent à la chose publique, qu'elles demandent des comptes ou qu'elles proposent des meilleures pratiques (Grégoire, Kane, Kacou, op.cit).

Bibliographie

AFD, « Projet Hydroélectrique de Lom-pangar », note de communication publique d'opération, 2012.

AMBOULOU Hygin Didace, *Le Droit des collectivités locales au Congo,* Paris, L'Harmattan, 2010.

AMOUZOU E, Le mythe du développement durable en Afrique noire, Paris, L'Harmattan, 2010

ATANGANA AMOUGOU Jean-Louis, *Le Cameroun et le droit international*, A.Pedone, 2014

AZOULAY Gérard, *Les théories du développement : Du rattrapage des retards à l'explosion des inégalités,* Rennes, Presses Universitaires, 2002.

BACQUE Marie-Hélène, REY Henri, SINTOMER Yves, *Gestion de proximité et démocratie participative*, Paris, La Découverte, 2005.

BACHELET Michel, *Systèmes fonciers et réformes agraires en Afrique noire*, Paris, L.G.D.J, 1968.

BAGAOUI Rachid, SOUMAHORO Moustapha, *Développement Local en Afrique subsaharienne : une compréhension à travers des études de cas*, Paris, L'Harmattan, 2014.

BAUDELLE Guy, *Géographie du peuplement 3ième édition,* Paris, Armand Colin, 2000, 2003, 2016.

BAYART J.-F, MBEMBE Achille, TOULABOR, *Le politique par le bas en Afrique*, Paris, Karthala, 1992.

BEAUR Gérard, *Le marché foncier à la veille de la révolution,* Paris, Editions de l'Ecole des Hautes Etudes en Science Sociales, 1984.

BELLON BERTRAND, *L'innovation créatrice, Paris, Economica,* 2002.

BOUTINET Jean-Pierre, *Anthropologie du projet*, Paris, PUF, 1990.

BUSSMANN Werner, KLÖTI Ulrich, KNOEPFEL, *Politique publiques : Evaluation*, Paris, Economica, 1998.

BLANC-PAMARD Chantal, CABREZY Luc, Dynamique des systèmes agraires : terre, terroir. Les tensions foncières, Paris, éd. Colloques et séminaires, 1995.

BLOCH Marc, *La terre et le paysan : Agriculture et vie rurale aux 17è et 18è siècles,* Paris, Armand Collin, 1999.

BORIS Samuel, « Entre les plans d'émergence sans vision et des visions sans émergence : la difficile appropriation par l'Afrique des trajectoires de développement », Paris, Collection Politique africaine, Karthala, 2017/n° 145, https://www.cairn.info/revue-politique-africaine-2017-1-page-51.htm.

CHARVET Jean-Paul, « *Land grabbing* ou accaparement des terres agricoles », Encyclopaedia universalis : http//www.universalis-edu.com. Consulté le 16/08/2016.

CHAUVEAU Jean-Pierre, COLIN Jean-Philippe, JACOB Jean-Pierre, LAVIGNE DELVILLE Philippe, LE MEUR Pierre-Yves, *« Modes d'accès à la terre, marché fonciers, gouvernance et politiques foncières et Afrique de l'Ouest : Résultat du projet de recherche CLAIMS »,* Avril 2006, pp.1-97.

CERTU, « L'analyse des systèmes d'acteurs », Diagnostic de territoire, Cahier n° 1, pp.1-104.

CHOUQUER Gérard, « comprendre les acquisitions massives des terres dans le monde aujourd'hui », 2012, pp.1-11.

CHOUQUER Gérard, « Glossaire des acquisitions massives des terres (ou land grabbing), 2012, pp.1-14.

CHOUQUER Gérard, « Aspects et particularité de la domanialité en Afrique de l'Ouest », Janvier 2011, pp.1-4

CHOUQUER Gerard, « Etienne Le Roy, *La terre de l'autre*. Une anthropologie des régimes d'appropriation foncière », Paris, LGDJ Lextenso, 2011, pp.1-42.

COTULA Lorenzo, « Acquisitions foncières en Afrique que disent les contrats fonciers », IIDE, 2011, pp.1-66.

COALITION RRI CAMEROUN, « Plaidoyer pour un cadre juridique du foncier et des domaines au Cameroun plus protecteur des droits et intérêts des communautés locales et des populations autochtones », juin 2015, pp.1-12.

DEBOULET Agnès, « Contrer la précarité par la sécurisation et la législation : Enjeux et opportunités dans le Monde arabe et en Egypte » pp.75-93, in *Dynamique foncière dans les pays du Sud*, Revue Tiers Monde, 2011/2 (n° 206), Paris, Armand Colin, Avril-juin 2011.

DECHEZELLES Stéphanie, OLIVE Maurice, « Introduction. Lieux familiers, lieux disputés – dynamiques des mobilisations localisées », n° 238-239, Rennes, Presses universitaires, 2016, pp.7-21. Revue en ligne : URL : http://norois.revues.org/5843. Consulté le 13/04/2016.

DURAND-LASSERVE Alain, LE ROY Etienne, « La situation foncière en Afrique à l'horizon 2050 », Comité technique « Foncier & développement », janvier 2012, pp.1-158.

FRANCOIS Alain, « Gestion des ressources et politiques foncières en Ouganda », in « L'Afrique. Vulnérabilités et défis ». Collection questions de géographie, Nantes, Editions du Temps, 2003, pp.315-332.

FRATICELLI Marta, PERDRIAULT Mathieu, « Le Cameroun et les enjeux de développement liés au ressources naturelles », [En ligne] (2012). www.agter.org. Consulté le 20/05/2017.

FRATICELLI Marta, « De la gestion commune à la privatisation des terres et des ressources naturelles, un long processus qui commence avant l'indépendance du Cameroun », [En ligne] mars 2012. www.agter.org. Consulté le 20/05/2017.

FONDATION FRIEDRICH EBERT Stiftung, « Plaidoyer pour un réforme du régime juridique des cessions foncières à grande échelle en Afrique Centrale », Document cadre, Presse universitaire d'Afrique, 2013, pp.1-45.

GABAS Jean-Jacques, XIAOYANG Tang, « Coopération agricole chinoise en Afrique subsaharienne : dépasser les idées reçues », Perspectives n° 26 février 2014, pp.1-4.

GERBER Jean-François, « Résistance contre deux géants industriels en forêt tropicale : populations locales versus plantations commerciales d'hévéas et de palmier à huile dans le Sud Cameroun », 2008, pp.1-44.

GREENPEACE, « Héraklès Farms au Cameroun : contre-exemple pour l'huile de palme », février 2013, pp.1-24.

GOGUE Tchabouré Aimé, « Gouvernance en Afrique : Etat des lieux », Etudes et recherches économique n° 67, Banque africaine de développement (BAD), 2001, pp.1-52.

HELLENDORFF Bruno, « Acquisitions foncières en Afrique de l'Ouest : état des lieux, moteurs et enjeux pour la sécurité », décembre 2012, pp.1-15.

HOYLE David, LEVANG Patrice, « Le développement du palmier à huile au Cameroun », Avril 2012, pp.1-16.

INITIATIVE DES DROITS ET RESSOURCES, Rapport annuel, « Propriétaires fonciers ou paysans sans terre : Quel choix feront les pays en voie de développement ? », 2012-2013, pp.1-22.

IYEBI MANDJEK Olivier, KARPE Philippe, AKOA Stéphane, « Rapport final de l'Observatoire de l'acquisition des terres à grande échelle au Cameroun », Fondation Paul Ango Ela (FPAE), juin 2015, pp.1-64.

KAMKUMO Patrice, « Etat de la transparence dans le secteur forestier au Cameroun », Rapport annuel 2013, pp.1-6.

KARSENTY Alain, « Lesconcssions forestières en Afrique Centrale : Aspects historiques, institutionnels et politiques du point de vue de la responsabilité sociale et environnementale des entreprises concessionnaires » [En ligne] septembre 2005, pp.1-40, www.agritrop.cirad.fr. Consulté le 21/05/2017.

LACHAUD Jacques, *Les droits du propriétaire rural : Appropriation-Transmission-Défense,* Editions France Agricole, 1999.

LACIRIGNOLA Cosimo, *Terre et Mer : Ressources vitales pour la méditerrannée*, Paris, L'Harmattan, 2015.

LE BRETON David, *L'interactionnisme symbolique*, Paris, PUF, 2004.

LE BRIS Émile, LE ROY Etienne, MATHIEU Paul, *L'appropriation de la terre en Afrique noire : Manuel d'analyse, de décision et de gestion foncière,* Paris, Karthala, 1991.

LE ROY Etienne, KARSENTY Alain, BERTRAND Alain, *la sécurisation foncière en Afrique (pour une gestion viable des ressources renouvelables),* Paris, Karthala, 1996

LE ROY Etienne, *La terre de l'autre : une anthropologie des régimes d'appropriations foncières*, Éditions LGDJ, Collection droit et société, Paris, 2011.

LE ROY Etienne, BOUJU Jacky, *Prendre en compte les enjeux fonciers dans une démarche d'aménagement*, Paris, GRET, 2004.

LEMIEUX Vincent, *L'Étude des politiques publiques : les acteurs et leur pouvoir, 2ème édition*, Laval, Presses de l'Université, 2002.

LEVY Marc, *Comment réduire pauvreté et inégalités : pour une méthodologie des politiques publiques*, Paris IRD-Karthala, 2002.

LOROT PASCAL, THUAL François, *La géopolitique, 2ème* édition, Paris, Editions Montchrestien, 2002.

LLOKI Auguste, *Le droit des parcelles de terrain au Congo : L'immatriculation des parcelles de terrain Tome 2*, Paris, L'Harmattan, 2012.

LLOKI Auguste, *Le droit des parcelles de terrain au Congo Tome 1*, Paris, L'Harmattan, 2010.

MADJARIAN Grégoire, *L'invention de la propriété, de la terre sacrée à la société marchande*, Paris, L'Harmattan, 1991.

MAGRIN GERAUD, *Voyage en Afrique rentière : une lecture géographique des trajectoires du développement,* publication de la Sorbonne, 2013.

MATTEUDI Emmanuel, *Les enjeux du développement local en Afrique. Ou comment penser la lutte contre la pauvreté*, Paris, L'Harmattan, 2012.

MELOT Romain, TORRE André, *Conflits d'usage dans les espaces ruraux et périurbains,* Economie Rurale n° 332, Novembre 2012.

MEILLASSOUX Claude, Femmes, greniers et capitaux, Paris, Maspéro, 1975.

MIMCHE Honoré, Dynamique d'insertion résidentielle des migrants à la périphérie de Yaoundé, France Editions des archives contemporaines, 2009.

MOHAMOUDOU Saïd, *Les Comores à qui la terre ?,* Paris, Karthala, 2016.

MONTELEAONE Marcello, *Le culte de la terre au pays Dogon (Mali) : Entre coutumes foncières et décentralisation,* Paris, L'Harmattan, 2013.

MULENDEVU MUKOKOBYA Richard, *Pluralisme juridique et règlement des conflits foncier en République Démocratique du Congo,* Paris, L'Harmattan, 2013.

MOUANGUE KOBILA James, *La Protection des Minorités et des Peuples Autochtones au Cameroun : Entre Reconnaissance Interne Contrastée et Consécration Universelle Réaffirmée*, Paris, Dianoïa, 2009.

MINISTÈRE DES DOMAINES DU CADASTRE ET DES AFFAIRES FONCIÈRES, *Régime foncier et domanial au Cameroun : Lois et Ordonnances, Décrets et Arrêtés, Circulaires et Instructions*, 2008.

MONNIER Éric, *Evaluation de l'action des pouvoirs publics, 2ième édition augmentée*, Paris, Economica, 1992.

NAY Olivier, SMITH Andy, *Le gouvernement du compromis. Courtiers et généralité dans l'action publique,* Paris, Economica, 2003.

NGOMBA-BINDA P, *Principes de gouvernance de politique éthique*, Louvain-la-Neuve, Bruylant-Academia, 2009.

NOIN Daniel, *Géographie de la population*, Paris, Armand Colin, 1998.

NORRO Michel, *Économies africaines : Analyse économique de l'Afrique subsaharienne, 2è édition*, De Boeck université, 1998.

NORTON D. Roger, *Politiques de développement agricole : Concepts et expériences*, Rome, FAO, 2005.

NYAMA Jean-Marie, *Régime foncier et domanialité publique au Cameroun*, Presse universitaire de l'UCAC, 2012.

OFFERLE Michel, *Sociologie des groupes d'intérêt 2ime édition*, Paris, Monchrestien, 1998.

OKAMBA Emmanuel, La gouvernance, une affaire de société : Une analyse mythiumétrique de la performance, Paris, L'Harmattan, 2010.

OLIVIER DE SARDAN Jean-Pierre, Anthropologie et développement : essai en socio-anthropologie du changement social, Paris, Karthala, 1995.

OTT-DUCLAUX-MONTEIL Cécile, *Exploitation forestière et droits des populations en Afrique Centrale*, Paris, L'Harmattan, 2013.

OWONA Joseph, *Droit administratif spécial de la république du cameroun : Fonction publique, Expropriation, Biens Publics, Marchés Publics, Contentieux Administratif,* Yaoundé, EDICEF, 1985.

OWONA Joseph, *Domanialité publique et expropriation pour cause d'utilité publique au Cameroun*, Paris, L'Harmattan, 2012.

PAPADOPOULOS Yannis, *Complexité sociale et politiques publiques*, Paris, Editions Montchretien, 1995.

PERRIN Daniel, *Les politiques de développement rural*, Paris, La documentation française, 2003.

PEMBELLET-SOUNGANI Jean-Marie, *Système institutionnels de la CEMAC : Droit communautaire,* Paris, L'Harmattan, 2016.

PREVERT Aline, *La lutte contre les discriminations : Genèse et usages d'une politique publique,* Paris, L'Harmattan, 2014.

PEYREFITTE Alain, *La société de confiance*, nouvelle édition, Paris, Odile Jacob, 1995,1998.

PIVETEAU Alain, ROUGIER Eric, NICEF-CHENAF Dalila, *Emergences capitalistes aux Suds*, Paris, Karthala, 2013.

PISANI Edgard, *Utopie foncière*, Paris, Éditions du Linteau, 2009.

POLITIQUE AFRICAINE, *Politiques foncières et territoriales*, Paris, Karthala, 1986.

POUCH Thierry, *La guerre des terres : Stratégies agricoles et mondialisation,* Paris, Editions Choiseul, 2010.

POUSSOU Jean-Pierre, *La terre et les paysans en France et en Grande-Bretagne aux XVIIè et XVIIIè siècles*, Editions Bertrand Thévenot, 1999.

RAPPORT D'ETUDE DE LA BANQUE MONDIALE, *Une politique foncière pour la croissance et la lutte contre la pauvreté*, Paris, Editions ESKA, 2005.

ROUDART Laurence, GUENARD Charlotte, « Introduction : Dépossession foncière en milieu rural. Acteurs et processus entre pression et oppression », Paris, Revue internationale des études du développement, 2019/2 n° 238, https://www.cairn.inforevue-internationale-des-etudes-dudeveloppement-2019-2-page-7.htm

ROUVIERE Cathérine, *Retourner à la terre : L'utopie néo-rurale en Ardèche depuis les années 1960,* Rennes Presses Universitaires, 2015.

SIMEU KAMDEM Michel, TCHAWA Paul, JANIN Pierre, *Pour une géographie du développement*, Paris, Karthala, 2012.

STOESSEL-RITZ Josiane, BLANC Maurice, MATHIEU Nicole, *Développement durables, communautés et sociétés : Dynamiques socio-anthropologiques*, Bruxelles, P.I.E PETER LANG, 2012.

TIENTCHEU NJIAKO André, *Droits fonciers urbains au Cameroun*, Yaoundé, PUA, 2012.

TIENTCHEU NJIAKO André, *Droits réels et domaine national au Cameroun*, PUA, 2005.

THIBAUD Bénédicte, FRANCOIS Alain, *Système de production et durabilité dans les pays du Sud, Paris Karthala, 2010.*

THIOMBIANO Taladidia, *Economie de l'environnement et des ressources naturelles*, Paris, L'Harmattan, 2004.

TJOUEN Alexandre Dieudonné, *Droits domaniaux et techniques foncières en droit camerounais, (Etude d'une réforme législative)*, Paris, Economica, 1982.

Table des matières

Structures éditoriales du groupe L'Harmattan

L'Harmattan Italie
Via degli Artisti, 15
10124 Torino
harmattan.italia@gmail.com

L'Harmattan Hongrie
Kossuth l. u. 14-16.
1053 Budapest
harmattan@harmattan.hu

L'Harmattan Sénégal
10 VDN en face Mermoz
BP 45034 Dakar-Fann
senharmattan@gmail.com

L'Harmattan Cameroun
TSINGA/FECAFOOT
BP 11486 Yaoundé
inkoukam@gmail.com

L'Harmattan Burkina Faso
Achille Somé – tengnule@hotmail.fr

L'Harmattan Guinée
Almamya, rue KA 028 OKB Agency
BP 3470 Conakry
harmattanguinee@yahoo.fr

L'Harmattan RDC
185, avenue Nyangwe
Commune de Lingwala – Kinshasa
matangilamusadila@yahoo.fr

L'Harmattan Congo
67, boulevard Denis-Sassou-N'Guesso
BP 2874 Brazzaville
harmattan.congo@yahoo.fr

L'Harmattan Mali
Sirakoro-Meguetana V31
Bamako
syllaka@yahoo.fr

L'Harmattan Togo
Djidjole – Lomé
Maison Amela
face EPP BATOME
ddamela@aol.com

L'Harmattan Côte d'Ivoire
Résidence Karl – Cité des Arts
Abidjan-Cocody
03 BP 1588 Abidjan
espace_harmattan.ci@hotmail.fr

L'Harmattan Algérie
22, rue Moulay-Mohamed
31000 Oran
info2@harmattan-algerie.com

L'Harmattan Maroc
5, rue Ferrane-Kouicha, Talaâ-Elkbira
Chrableyine, Fès-Médine
30000 Fès
harmattan.maroc@gmail.com

Nos librairies en France

Librairie internationale
16, rue des Écoles – 75005 Paris
librairie.internationale@harmattan.fr
01 40 46 79 11
www.librairieharmattan.com

Lib. sciences humaines & histoire
21, rue des Écoles – 75005 Paris
librairie.sh@harmattan.fr
01 46 34 13 71
www.librairieharmattansh.com

Librairie l'Espace Harmattan
21 bis, rue des Écoles – 75005 Paris
librairie.espace@harmattan.fr
01 43 29 49 42

Lib. Méditerranée & Moyen-Orient
7, rue des Carmes – 75005 Paris
librairie.mediterranee@harmattan.fr
01 43 29 71 15

Librairie Le Lucernaire
53, rue Notre-Dame-des-Champs – 75006 Paris
librairie@lucernaire.fr
01 42 22 67 13

www.ingramcontent.com/pod-product-compliance
Lightning Source LLC
LaVergne TN
LVHW010009081026
849535LV00017B/3392
* 9 7 8 2 3 4 3 1 9 7 3 8 8 *